《小脚丫走遍天下》系列丛书

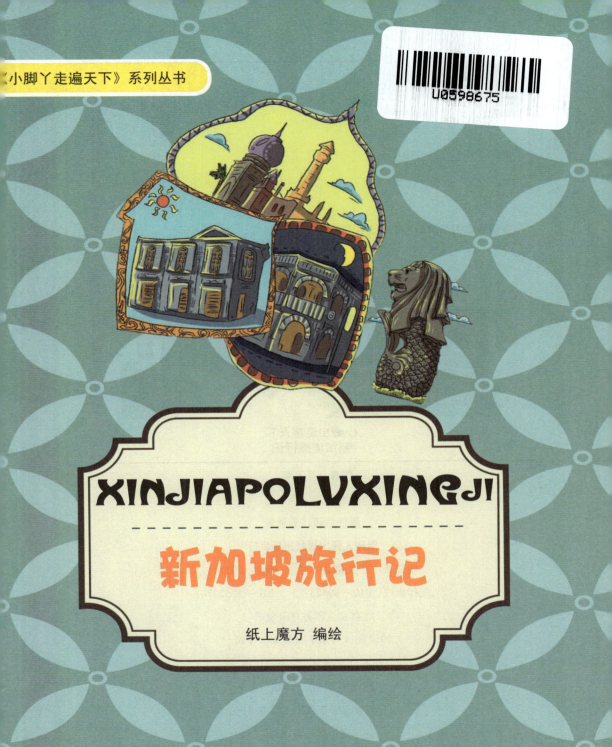

XINJIAPOLVXINGJI

新加坡旅行记

纸上魔方 编绘

贵州出版集团
贵州人民出版社

图书在版编目（CIP）数据

新加坡旅行记 / 纸上魔方编绘 . —— 贵阳：贵州人民出版社，2013.9

（小脚丫走遍天下）

ISBN 978-7-221-11330-6

Ⅰ . ①新… Ⅱ . ①纸… Ⅲ . ①新加坡—概况—少儿读物 Ⅳ . ① K933.95-49

中国版本图书馆 CIP 数据核字（2013）第 201326 号

小脚丫走遍天下
新加坡旅行记

作者　纸上魔方

选题策划　李　超

责任编辑　朱智毅

贵州人民出版社出版发行

贵阳市中华北路 289 号　　邮编　550004

发行热线　010—59623775　　010—59623767

北京富达印务有限公司

2017 年 5 月第 1 版第 4 次印刷

开本　880mm×1230mm　1/16

字数 100 千字　印张 10.5

ISBN 978-7-221-11330-6

定价 28.80 元

大胡子叔叔

42岁的詹姆斯·肖，美国人，是位不折不扣的旅行家和探险家，足迹遍布世界许多国家。因为有着与肯德基爷爷一样"茂盛"的胡子，所以被孩子们亲切地称为"大胡子叔叔"。

吉米

10岁的美国男孩，跟随在大使馆工作的父母居住在中国，是大胡子叔叔的亲侄子。他活泼好动，古灵精怪，对世界充满好奇。

主人翁简介

映真

11岁的韩国男孩，汉语说得不好，但英语说得很流利。性格沉稳，遇事临危不乱。

花花

10岁的中国女孩，自理能力差，有一点点任性和霸道。映真的父母与花花的父母是很要好的朋友。

目录

目 录

引言

　　"花花，你准备好了吗？我们得出发了！"吉米和映真一边敲门一边喊。

　　花花这才从梦中惊醒，突然想起昨天和大胡子叔叔约好今天八点在机场会合的。是的，接下来他们又将奔赴新的一站了。一想到这，花花迅速从床上蹦下，赶紧刷牙洗脸去了。

　　等花花装好行李，大家坐上了去机场的大巴。

　　"好奇怪，这次大胡子叔叔竟然没告诉我们要去哪里。"花花有些疑惑地说。

　　"听大胡子叔叔说，我们这次去的地方就在东南亚，它是一个花园城市。"吉米似乎不太在意要去的地方，因为他对每个陌生的地方都是那么好奇。

　　"东南亚？花园城市？会是哪里呢？"花花陷入了深思中。

　　"新加坡？很可能是新加坡！"映真欣喜起来。

不知不觉，汽车已经到达了机场，一下车，他们便见到了在那里等待他们的大胡子叔叔。

"哈哈，孩子们，你们都很准时嘛！"大胡子叔叔一边表扬着他们，一边带大家往候机室走去。

"大胡子叔叔，我们这次是不是要去新加坡啊？"映真说出了自己的猜测。

"是的。你们真聪明，都已经猜到了啊？"

"大胡子叔叔，新加坡有什么好玩的呢？"

"新加坡是一个多民族的城市国家，那里居住着新加坡人、中国人、印度人和马来人等。新加坡的国土面积很小，但令人不可思议的是，它的经济却很发达，是全球最富裕的地方之一呢。在新加坡，有着数不清的良辰美景、赏不尽的人文风情、吃不完的美味佳肴。孩子们，咱们一定不枉此行。"大胡子叔叔一边捋着他茂盛的长胡子，一边温和地说。

"以前您说过，它是一个花园城市，

为什么这么叫它呢？"吉米歪着小脑袋问。

"因为新加坡空气清新，草绿花香，干净整洁，走进新加坡，就像进入一个绿色的大公园一样，到处都是郁郁葱葱的草坪、林荫、花园，所以人们称它为'花园城市'。"

"住在那里的人们一定很健康很幸福吧？要是全世界都像'花园城市'一样就好了，那世界一定很美好！"花花想到这里就异常欣喜。

"每个国家和城市都有自己的特色，如果全世界都是一样的，那我们旅行又有什么意义呢？"映真似乎更理解旅行的意义。

"是啊，我们旅游不就是为了看与自己国家不一样的地方吗？"

"好了，孩子们，我们该上飞机了！"大胡子叔叔打断了他们的讨论。

第1章
鱼尾狮雕塑之谜

经过几个小时的飞行，大家终于抵达新加坡。孩子们环顾四周，街道十分整齐清洁，道路两旁绿树成荫，几乎无处不见花，无处不披绿。眼前的一切，比孩子们想象中的还要美。

"哇！真不愧是'花园城市'，新加坡好美呀！"花花不禁感叹道。

"孩子们，我们先去鱼尾狮公园

逛逛吧！"大胡子叔叔招呼着。随后，大家走进一个以水为主题的公园。虽然公园规模不大，但游人却络绎不绝。

"这是什么建筑？样子好奇怪呀！"大家经过一个岸边，看见了一座雕塑，吉米感到很新奇，于是问大胡子叔叔。

"这是鱼尾狮塑像，新加坡的标志性雕塑。它是由雕刻家林南先生和他的两个孩子共同雕刻的。"

"可是，为什么将它设计成这个样子啊？它的头像狮子，可下身又像鱼。"

"14世纪时，一位王子在前往马六甲的途中来到了新加坡，他一登陆就见上面有只神奇的野兽，随从告诉他那是一只狮子。于是他为此岛取名为'Singapore'，翻译过来

就是'狮城'的意思。至于尾巴，则象征着漂洋过海来新加坡谋生求存的祖祖辈辈们，也代表新加坡是由一个小渔村发展起来的。"大胡子叔叔耐心地为孩子们讲解着。

"原来这个奇怪的塑像这么伟大啊！"吉米眨起了眼。

"鱼尾狮公园建于1972年9月15日，为了纪念这项盛事，时任新加坡总理的李光耀先生亲自主持开园仪式。总理希望鱼尾狮能成为新加坡的象征，就如埃菲尔塔是巴黎的象征一样。转眼间几十年过去了，鱼尾狮成功打造出了新加坡的国际形象。如今，每年有一百多万来自世界各地的游客，专程造访这里，并与鱼尾狮拍照留念呢。目前，新加坡有大大小小7座鱼尾狮，我们现在所在的公园有两座，其他5座分别在圣淘沙、旅游局总部、宏茂桥和花柏山。"孩子们围在大胡子叔叔旁，听得津津有味。

"它这么有名气呀！"花花说完，就举起相机为鱼尾狮塑像抓拍了好几张。

"我们面前的鱼尾狮塑像，是新加坡人智慧、勇气和力量的象征，所以它在新加坡国民心中占据非常重要的位置。这也正是我来新加坡第一站就带你们来这儿的原因。来到一个地方，要先了解它的精神。"

在公园的周围有一座全世界最高的摩天轮，还有餐厅、榴莲店等许多好去处，孩子们尽情地玩要起来。

第2章
为什么买不到口香糖？

"孩子们，你们饿了吗？"从鱼尾狮公园走出，大胡子叔叔才发现已经下午六点多了。

"我的肚子已经咕咕叫啦！咱们去吃晚饭吧？"吉米一听吃饭，脸上露出了喜悦的表情。

"走，寻找我们的晚餐去！"大胡子叔叔笑着说。

可是走着走着，花花突然不见了。正当他们为花花的突然失踪焦急万分时，映真指着他们刚走过的那个方向喊道："在那儿！"只见花花气喘吁吁地往这边跑来。

"大胡子叔叔，怎么这里的商店都没有口香糖啊？"吉米和映真还以为发生了什么大事，没想到花花竟然去买口香糖了。不过，对于花花这样的疑问，他们也感到很好奇，于是纷纷把目光投向大胡子叔叔。

"忘记告诉你们了，这是新加坡政府的规定。你们也看到了，新加坡是一个美丽而干净的城市，如果满大街都是被人丢弃的口香糖，那么一定会破坏环境卫生，所以，在1997年，政

府颁布了禁令，不准市民引进、销售和制造口香糖。"

"唉，真可惜！"不知花花是在为自己嚼不到口香糖叹气，还是为这里的人们享受不到口香糖而惋惜。

"直到2003年，新加坡政府才解除对口香糖进口禁令，同意在国内销售具有医疗用途的口香糖。不过为了不影响环境卫生，政府还是严格地控制着口香糖的销售。"

"什么叫作具有医疗用途的口香糖啊？"吉米似乎不太明白。

"就是那些可以戒烟，可以减少蛀牙或是肯有美白牙齿功效的口香糖。这些口香糖的销售地点仅限于戒烟诊所、药店和医院，而且顾客在购买时，还必须认真登记姓名以及身份证号。"大胡子叔叔继续补充道。

"花花，这段时间你吃不到口香糖了哟。"吉米调皮地朝花花做了个鬼脸。

"没关系，口香糖又不是饭，不就是几天不嚼吗？有什么大不了的！我等着大胡子叔叔带我们去吃这儿更多好吃的东西呢！"花花也回敬了吉米一个鬼脸。

"'花园城市'的美誉可真是得之不易啊！"映真瞬间对新加坡充满了敬仰。

"新加坡人都很注重环境卫生，随地吐痰、乱扔垃圾的行为，不仅会招来鄙夷的目光，还要被处以重罚，最少也要1000新元，折合成人民币的话就是大约5000块钱，这可不是小数目呀。所以孩子们，你

们不要破坏环境卫生，不仅仅是在新加坡，在哪里都要爱护环境，懂吗？”大胡子叔叔为大家普及着新加坡的一些常识和禁忌，“还有，你们使用公厕后要记得冲水，否则也会被罚款的。”

“嗯，放心吧，大胡子叔叔，我们都是爱护环境的好孩子。”在爸爸妈妈的教导下，花花从小就养成了良好的生活习惯。

“吉米，你那儿还有水吗？”映真口渴了。

“没有了。”吉米摇摇头，遗憾地回答着。

映真将目光转向了花花，她也摇了摇头。

“可惜这附近也没见商店，只好忍忍了。”映真无奈地说着。

“到那里去喝点解渴吧。”大胡子叔叔指着旁边的公共厕所对映真说。

"哈哈，哈哈哈……"吉米和花花以为大胡子叔叔在开玩笑，忍不住大笑起来。

映真倒是很镇定，他提醒道："大胡子叔叔，那是个public convenience（公共厕所）啊！"

"是的，在新加坡，公共厕所里自来水管中的水跟家里厨房里的水是一样的，都是可以直接饮用的。"大胡子叔叔解释着。

"原来是这样啊，那我去喝点。"一说完，映真就朝公共厕所快步走去。

"映真，等会儿，我也口渴了。"吉米也跟着映真走了进去……

第**3**章

老巴刹的晚餐真诱人！

"闻到没？哪里传来的菜香味啊？"花花问道。

"哈哈，你是饿晕了产生了幻觉吧！"吉米咧着嘴笑着说。

"我也闻到了呢！"映真夸张地耸耸鼻子，确定是真的闻到了。

"你们不是说肚子饿了吗？走，我带你们去一个好地方。"大胡子叔叔拉着孩子们走进一个八角形的美食场。

那里热闹非凡，有很多美食摊位在售卖世界各地的美食。各种肤色的人们集聚一堂，像是在参加一场国际化的盛宴，只是这场盛宴并不华丽，更多的是一种平民化的古朴。

"大胡子叔叔，这是哪里呀？"花花好奇地问。

"我们所在的地方是新加坡非常有名的饮食聚会场所，叫作老巴刹美食中心。这里聚集了数百家摊贩，从沙爹到海鲜烧烤，各种美食应有尽有，人们不仅可以品尝新加坡当地的地方风味，还可以享受到世界各国的特色美食。这些小吃经济实惠，每餐的费用一般不会超过5新币，所以很受人们欢迎。"

"巴刹这个名字代表着什么呢？"花花眨着大眼睛问。

"'巴刹'是马来语，表示市场的意思。老巴刹建于1894年，最初它确实是一个菜市场，后来改建成为饮食中心。如今，它已经成为新加坡人最喜爱的饮食聚会场所了。"

　　"哇！这么多好吃的，真想将它们全吃了！"吉米的口水都快流下来了。大胡子叔叔带他们来到了一个摊位前。

　　"请问，你们这儿有什么好吃的呢？"映真率先有礼貌地问服务员。

　　"这道是肉骨茶，是新加坡的特色菜之一，它是将带肉排骨放入独特草药及香料熬制的原汤烹煮而成的，你若是不喜欢草药味，也可以选择另一种以胡椒制成的较为清淡的汤，都是极其美味的。"服务

员向大家介绍店里的特色菜。

　　"那这个呢？是螃蟹吗？我看着就想吃！"花花凑上去问道。

　　"是的，这道菜叫作辣椒螃蟹，是新加坡的经典国菜。这道菜是酸甜口味的，辣中带一点甜。"服务员的态度友好、亲切，就像新加坡的环境，总是那么宜人。

　　"你们想好要吃什么了吗？可别耽搁了叔叔照顾其他客人啊。"在大胡子叔叔的催促下，大家分别点了一道菜。

　　在等菜的过程中，善于观察的映真又提出了问题："这里的建筑很特别。你们发现了吗？"

　　在映真的提醒下，花花和吉米开始环顾周围，他们发现老巴刹的

　　建筑风格和新加坡其他地方都不一样。这座古老的建筑是由1个中心大厅与9条长廊组成的，高大的铸铁拱顶、对称的结构、细腻的装饰、精心的设计，透出了一股浓厚的欧洲风格。

　　"孩子们，这里是东南亚现存最大的铸铁建筑哦，也是维多利亚时代的产物，自然和现在的建筑风格不一样啦！"大胡子叔叔正解释时，服务员将晚餐端了过来。

　　他笑着对大家说："希望我们的食物能给你们留下深刻的记忆。祝大家胃口好，心情好，在新加坡旅游快乐！"

第**4**章
"死亡岛"重生

"大胡子叔叔，我们今天去哪里玩呢？"对吉米来说，未知的东西是最吸引人的，所以第二天早早起来，他就向大胡子叔叔探听路线。

"我们今天去的地方叫圣淘沙，人们称它为'欢乐宝石'。在很

早以前，也叫它死亡岛。"大胡子叔叔神秘地说。

"那是一个什么地方呢？是好玩多一些还是恐怖多一些啊？"吉米听得有点糊涂了。

"你们去了就知道了。"在大胡子叔叔的带领下，大家来到这个迷人的小岛。

这是一个继续着"花园城市"味道的小岛，一眼望去，青翠欲滴，一片绿意。岛上气候宜人，清新的海风吹拂着大家的脸庞，真是舒服极了。

"哇，真漂亮！要是可以一直居住在这里多好！"花花被眼前的美景吸引住了。

"是啊，这里如此美丽，叫它'欢乐宝石'很贴切，它和死亡有什么关系呢？"吉米还在琢磨着大胡子叔叔口中"死亡岛"的含义。

"孩子们，你们知道吗？这里曾经发生了一场毁灭性瘟疫，灾难

过后，只有极少数人活了下来。这些人虽然活下来了，可对这座岛还是感到很恐惧，所以人们陆陆续续都搬走了，还称它为'死亡岛'。直到后来，有位王子在这里修建了一座宫殿，人们才渐渐回到了岛上，并将它取了现在这个好听的名字——圣淘沙。"大胡子叔叔耐心地解释着，像是历经了那些变迁一样。

"原来有这样的故事啊！"吉米微微一叹。

"这么漂亮的小岛有什么好玩的地方吗？"吉米随即调皮地问道。

"当然有了，圣淘沙不仅风景优美，这里的娱乐活动也丰富多彩。每天都有成千上万来自世界各地的旅客呢！"大胡子叔叔说完，便带孩子们朝沙滩方向走去。

海边的景致真是美不胜收啊！高大的椰子树掩映着海滩和凉亭，乡村式的木制浮桥通向海中的小岛，游人们有的在打沙排，有的在玩沙子，还有一些人在进行各种水上运动，如滑水板、独木舟、帆船、水上单车等，这些可爱的人为圣淘沙的美景增添了不少活力，而几个孩子也深深地沉醉在这片美丽的世界中了。

"这里竟然有水上单车！"映真异常欣喜地喊起来。

"大胡子叔叔，我想去游泳！"吉米拉着大胡子叔叔的袖子哀求着。

"嘿，你们都去吧，大胡子叔叔，你躺在沙滩上，我将你埋起来！"花花甜甜地说着，脸上闪过一丝顽皮的笑。吉米和映真听完，也情不自禁地偷笑起来。

"孩子们，你们可以自由活动了，尽情地感受'欢乐宝石'的美好吧！但是要注意安全喔！"大胡子叔叔和蔼地叮嘱着。

圣淘沙的水上娱乐项目实在太多了，几个孩子对每一项都很感兴趣，即便天色渐渐暗去，他们似乎还没有尽兴。"好了，孩子们，别玩了。我们还要游览下一处景点呢！我们该出发了。"如果不是大胡

子叔叔招呼，贪玩的他们是不会"收工"的。

孩子们跟着大胡子叔叔来到了一个巨大的鱼尾狮塑像面前。

"哇！好高的鱼尾狮塑像啊！比我们在鱼尾狮公园见过的壮观许多呢。"映真一眼就认出了这个塑像。

"是啊。"大胡子叔叔补充着，"确切地说，这个叫作鱼尾狮塔，它是新加坡最高的建筑呢。在塔内有一座电梯，可以直通塔上的瞭望塔。孩子们，我们现在去高处欣赏海国风光吧。"在大胡子叔叔的带领下，孩子们登上了鱼尾狮塔顶。

"真美啊！"望着船影朦胧、街灯渐起的圣淘沙，孩子们不约而同地感慨着。

"在圣淘沙，还有很多值得一去的地方，比如海事博物馆、西乐索炮台、新加坡万象馆等历史景点，还有高尔夫公园、海底世界、梦

幻岛和火焰山等主题公园，都是非常有纪念意义的地方。这些我以后再带大家慢慢玩。不早了，我们今天先回去吧！"

大胡子叔叔的介绍打破了他们的沉思，却将他们带入了另一片好奇的领地。

第5章

好美的 新加坡国花！

　　"嘿，小家伙们，猜猜这是哪儿？"大胡子叔叔今天看上去格外精神。

　　"我知道，这里这么多花，肯定是花园！"花花第一个抢答。

　　"那么，你们知道这些是什么花

吗？"大胡子叔叔继续追问着。

"这……"花花皱着眉头像是陷入了沉思。

"我知道！"只见吉米举手跳了起来，生怕又被花花抢答了，"我刚进来时看见一个牌子上面写道这是胡姬花园，那么里面的花当然叫作胡姬花了。"吉米得意地说道。

"完全正确。"大胡子叔叔拍了拍吉米的肩膀。

"胡姬花就是我们所说的兰花，新加坡人称它为'卓锦·万代兰'，之所以这样取名，是因为它是由侨居新加坡的西班牙园艺师卓锦女士培植而成的。1981年4月15日，新加坡政府文化部宣布，将卓锦·万代兰定为新加坡国花，象征着卓越锦绣，万代不朽。"见小家伙们一头雾水的样子，大胡子叔叔便在园中找到了一丛卓锦·万代兰让孩子们欣赏。

"瞧，它看上去清新且端庄，超群而谦和，不愧是兰花中的超级天后。"大胡子叔叔看着眼前的卓锦·万代兰赞美不已。

"新加坡人将它定为国花，有什么具体的寓意呢？"映真问道。

"它五个尊片和一个唇片，唇片四绽，象征着新加坡四大民族和四大语言平等，四大语言包括华语、英语、马来语和泰米尔语。它雌雄合体的鄂柱象征幸福的根源。"大胡子叔叔指着一株卓锦·万代兰的鄂柱细细地讲解着。

"你们仔细看看，花朵由下面的裂片拱扶着，象征着同甘共苦、团结和谐。花的唇片后面有一个袋形角，里面存有蜜汁，象征着财富源流聚集的住所。若是将鄂柱上面的花粉揭开，会看见里面有两个花块，像极了两只'金眼'，警示我们要高瞻远瞩。当然，我们千万不要去揭它的花粉，我们要保护一花一草啊！"大胡子叔

叔继续讲解着。

　　"它的茎是向上攀缘的，告诫我们要积极向上，也象征着这个城市兴旺发达。最重要的是它的花一朵凋谢一朵又开，象征新加坡国家的民族命脉源远流长。"

　　"记得老师说过兰花的生命力很强，在恶劣的条件下也能很好生存。"这时，映真也突然想起了一次课堂上老师的描述。

　　"是的，特别是'卓锦·万代兰'，即便在最恶劣的环境中，也能一如既往地争芳吐艳，它艳丽而不妖娆，象征着新加坡民族吃苦耐劳、勇敢顽强的精神。"

　　经大胡子叔叔这么一介绍，孩子们眼中的这丛"卓锦·万代兰"瞬间闪闪发光，真不愧是新加坡的国花，让人一眼便能爱上。他们一边认真地端详着那些美丽的胡姬花，一边拿相机不停地给花儿们拍照，希望将它们永久珍藏在记忆中。

　　"有趣的是，在新加坡，不少新品种的胡姬花都是以名人的名字来命名的，使那种花更

富灵性。以人名为胡姬花命名也是对人的最高待遇。"

"都有哪些名人受到过命名呢？"映真问道。

"有南非前总统曼德拉、美国第一夫人劳拉、已故的英国王妃戴安娜、英国前首相撒切尔夫人……"

"有我们中国的吗？"花花赶紧追问道。

"当然有。有一种胡姬花就是以中国前总理朱镕基的夫人劳安女士命名的；还有华人明星成龙，以他的名字命名的那种胡姬花正面看上去像一条龙，花瓣也像极了'龙'鼻，用成龙为其命名再贴切不过了。"大胡子叔叔回答道。

"有韩国的名人吗？"映真也不甘示弱。

"韩国的艺人权相宇和裴勇俊也都享有胡姬花命名的荣誉。每一种以人名命名的胡姬花都有着与其对应的人物相似的特征，有的淡雅

恬静，有的娇嫩优雅，有的看上去刚毅硬朗，欣赏这些胡姬花就会让人联想到那些人。"大胡子叔叔耐心地回答着。

"这不但是一场花的盛宴，更像是一场名人的聚会。"吉米感叹着。

美好的时光总是过得很快，转眼太阳就快下山了。

"新加坡商人生产了不少用胡姬花制成的独特的纪念品，回中国时可以买些回去给身边的朋友。"在回住所的路上，大胡子叔叔说道。三个小家伙一致认为这是个好想法，身边的朋友一定会很喜欢的。

第**6**章
探秘牛车水唐人街

"这就是我们今天的目的地——新加坡的牛车水唐人街。"大胡子叔叔一派导游风范，给大家介绍着。

"牛——车——水？"映真好奇地问道。

"怎么取这么个奇怪的名字啊！"花花也疑惑着。

"牛车水是从1821年逐渐形成的，关于牛车水这个
名称的来历，说法众口不一。有人说很久以前这里没
有自来水，每家每户要拉着牛车从安祥山运水来，
所以就叫作牛车水；还有人说，当时新加坡的饮用
水全靠居住在此处的华人用牛车拉送，所以就将这片
牛车拉水供应饮用水的区域叫作牛车水。除了这些，
还流传着很多不同的说法。"大胡子叔叔解释着。

"完整的牛车水是由四个不同风格的小
区组成，包括牛车路、丹戎巴葛、武吉

巴梳路和直落亚逸街。”

　　“这是早年中国先贤在新加坡落脚的地方，当年南来的华人大部分都是广东人，现在这里仍保留着大量中国特色，包括街区的店铺陈列、各种饮食习俗，连建筑都还保留着中国南方建筑的风格，有两层骑楼，有各种古香古色的店铺、庙宇、祠堂和会馆。”

　　“瞧，到处都有红灯笼、红坐椅、红大门、红对联，还有各种红红的挂饰等等，这种中国人最爱的颜色几乎成了这里的主色调。”大胡子叔叔边走边介绍着。三个小家伙一边听着大胡子叔叔的介绍，一边东看看西瞧瞧，仿佛回到了中国。

　　“你们注意到没有？这条街上很多店名招牌都是用中文书写的，通常都会配上‘福’、‘发’、‘兴’等象征吉祥的字眼，并在旁边附注上英语。”

　　“福？可好像写倒了啊。”映真指着一家招牌上的福字说道。

　　“将‘福’字倒着写就是“福到”的意思。”作为此行唯一的中国娃，花花对于这点中国风俗还是了解的，她自豪地为映真解释着。

　　“现在的牛车水已经成为新加坡一座繁华的购物中心，吸引着不少游客到这里来购物。各种小贩和老字号的百年老店，不仅为这个唐人街增添了许多中国味，更是对中国文化的一种传播。”大胡子叔叔

仿佛化身成为一个中国人。

　　"要是赶上中国农历春节期间，这里更热闹，整个街区都是张灯结彩的，大红灯笼挂满了整条街，好多店铺都会装修得焕然一新，以迎接新年的到来，为来年盼个好兆头。那段时间更是吃客们的好节日，大街上四处都是中国内地的传统美味。"一听说到吃的，小家伙们就按捺不住想吃东西了。一不留神，吉米已经溜到旁边那家小店门口了："老板，我要一份煎饺，要打包带走的。"他急匆匆地叫嚷着。

　　"咦？吉米在哪？"映真第一个发现吉米离开了队伍。

　　大家四周张望着，好在他们发现得及时，没一会儿就在刚路过的一家小吃店门口找到了吉米的踪影。大胡子叔叔这才意识到快到吃午饭的时间了，于是拉着花花和映真也走到了那家店里。

　　见他们都来了，吉米知道自己刚才一个人溜出队伍是不对的，他

低着头不好意思地说道："大胡子叔叔，我饿了。"

"我刚才只顾着逛了，都忘记时间了，我们确实该吃饭了。不过你以后可不能一个人溜走，不然迷路了怎么办！"大胡子叔叔语重心长地教训着。

"呵呵，要走丢了我就呼叫110！"吉米挠着脑袋淘气地回答。

"傻瓜，这可是在新加坡啊，要是在中国走丢了就呼叫110，在新加坡要拨打999。"大胡子叔叔说道，"你们可都要记住啊！"

"嗯嗯，遵命！"花花几乎要蹦起来了。

"想吃什么自己点，别饿着了，吃完了我带你们去前面逛一下。"大胡子叔叔总是将行程安排得恰到好处，却也总是入神得废寝忘食。不过，跟这三个小吃货在一起，看样子他是想忘食都忘不了啦。

第7章 安祥山的旧时光

"大胡子叔叔，你要带我们去哪里啊？"花花问道。

"你们还记得在牛车水唐人街时，我跟你们说牛车水这个名字的由来吗？"大胡子叔叔问道。

"记得。"吉米回答。

"我当时跟你们说了两种说法，其中一种说法是因为当时新加坡

还没有自来水，需要人们拉着牛车到安祥山运水。"大胡子叔叔补充说，"我们今天要去的地方就是安祥山。"

"安祥山？一听到这名字我就想到了老房子门前惬意的午后。"映真颇有兴致地想象着。

"傻瓜，安祥山是一座山啦！"吉米自以为是地对映真说道。大胡子叔叔在一旁摇了摇头。

没一会儿他们就走到了安祥山，可望望四周，却没看到一座山。这下吉米可急了，疑惑地问大胡子叔叔："大胡子叔叔，怎么没看见山呢？"

"安祥山并不是一座山，而是一个地名，由几条老巷子组成。"大胡子叔叔解释着。一听大胡子叔叔这么说，映真特别得意，连忙向吉米做着鬼脸，花花在一旁笑个不停。

"这里是以前在新加坡的大商人谢安详买下的土地，于是因他

而得名。安祥山以安祥路和客纳街为主干道，街道两旁全是二十世纪五六十年代的传统老屋，没有高楼林立，仿佛将时光拉回到了曾经的那个年代。"大胡子叔叔若有所思地给小朋友们介绍着安祥山。

"这里的房子有种西洋风格，却盖着中式的瓦当，当初要建这些房子的人是不是个华人啊？"花花好奇地问。

"据说那个大商人谢安祥是华人与马来人的后代，不过关于他的记载资料很少。"大胡子叔叔回答。

走在整洁干净的街道上，没有别处的繁华与喧闹，更多的是一份沁入心扉的宁静和悠然，有时会路过一家咖啡馆，从外面看去就看得出里面装修典雅，极富格调，像

是特意为来这里享受旧时光的人们提供的一个小港湾。

"给你们一个任务！"大胡子叔叔突然说。

"什么任务？"映真问道。

"找一个地方，安祥路5号。"大胡子叔叔将任务交给了三个小家伙。

"大胡子叔叔，那是什么地方啊？"吉米不解地问，大胡子叔叔笑而不语。

　　"我觉得啊，要么就是大胡子叔叔的一个老朋友住在那里，要么就是别人拜托他去那里买什么东西，要么呢，哈哈，就是我也不晓得。"见大胡子叔叔不回答，花花分析着可能性。

　　"我们得先知道现在我们在哪里。"映真说。

　　"刚才经过一个路牌，上面好像写着'安祥路'。"吉米率先攻破了第一道难关。

　　"嗯，大胡子叔叔要我们找的是安祥路5号，那应该就在这条路上了。"映真推论着。

　　"是啊是啊，映真哥哥，你去看看旁边那个门牌号是多少。"花花催促道。

这时，一位老爷爷路过他们身旁，映真赶紧凑上去用他并不流利的中文问道："老爷爷，请问你知道安祥路5号在哪里吗？"老爷爷慈祥的脸上露出了笑容，用苍老却有力的手指着前面说道："小朋友，你沿着这个方向一直往前走一百米左右就到了。""谢谢老爷爷！"映真礼貌地跟老爷爷道了谢。

　　"映真，你怎么知道那个老爷爷会中文啊？"吉米好奇地问。

　　"大胡子叔叔说过，这里的人不少都是华人啊，所以我就先试着用中文问了。"映真回答。

　　在他们的齐心协力团结合作下，没多久就将大胡子叔叔要他们找的安祥路5号找到了。原来这是个叫作Books Actually的书店。温馨的老式格调跟这条街的气氛十分吻合，里面陈设十分整洁，五颜六色的书本在白色墙壁和书架的衬托下，显得格外醒目。这个书店除了有很多

书外，还有旧相机、各种小模型和小摆设，都是些怀旧精品，这些都让小朋友们新奇不已。

"这家书店的特色在于，这里有许多被大书店忽略的珍稀藏书，还有许多古董文具和玩具供人欣赏。在这旦你们会有时光倒退的感觉，所以它不仅是个书店，更像是一个艺术小屋。"大胡子叔叔向小朋友们介绍着。

三个小家伙早就被那些古董吸引了，对于那些奇奇怪怪的东西，他们好奇不已，好像走进了一个神秘的国度。

第 **8** 章
新加坡的"小印度"

"嘿，小家伙们，你们有谁去过印度吗？"吃早饭的时候，大胡子叔叔有意无意地问道。映真和吉米摇摇头，表示自己没去过。

"我小姨去年去了印度，回来时还给我带了不少印度香料呢，那

些香料可香了。"花花回答着。

"我明天就带你们去新加坡的'小印度'，让你们领略一下印度风情。"

"哈哈，太好了！花花，你顺便去跟印度美女学学肚皮舞。"吉米一听要去"小印度"，便调侃花花道，虽然他并不知道"小印度"到底是个什么地方。

"自己想学就自己去学呗，别老是说我，好不？"花花不开心地冲吉米说道。

"你们俩啊还是别斗嘴了，快点吃饭吧！"映真见气氛不对，马上打圆场。

　　知道了即将要去的地方，小家伙们异常兴奋，很快就吃饱了。大胡子叔叔带领大家朝"小印度"走去。

　　远远的，映真就闻到了一股很浓的香味："大胡子叔叔，这香味是不是从'小印度'飘来的啊？"他问道。

　　"没错，前面不远就是'小印度'了。"大胡子叔叔告诉他。

　　"大胡子叔叔，为什么'小印度'没在印度，而是在新加坡啊？"花花疑惑了。

　　"我们知道，新加坡是一个多民族国家，这个'小印度'就是印度族群在新加坡的聚集地，就如牛车水唐人街是华人聚集的地方一个道理。"大胡子叔叔解释着。

　　"原来如此啊！那是不是印度有的东西这里都有啊？"吉米追问道。

　　"别急，我们慢慢逛就知道了。"大胡子叔叔故意卖着关子。

　　一走进"小印度"，就真像进入了另一个国度，里面无论是建筑风格还是人文气息，都与外面的世界不同。街道上熙熙攘攘的人群中，有很多印度人。最惹人注目的就是那些印度女人了，她们和电影里面看见的一样，都穿着她们的民族服，还裹着颜色各异、美丽异常的纱丽身上戴满了各种金饰，好看极了。

　　"你们看到了吗？在街道两旁有很多金饰店、印度餐饮店和纱丽布店，当然，还有不少香料店，这些都是印度的特色。"大胡子叔叔说完便带着孩子们走进一家香料店。

　　"你好？请问需要点什么？"一走进店里，店员就迎了上来。

　　"路过这里，带孩子们进来看看。"大胡子叔叔微笑地回应着。

　　"我们这家印度香料店是最早在'小印度'设立的商店之一，我们这里售卖的很多香料都是独家秘制而成的。当然，我们也可以根据你的要求，配制你喜欢的独特的香料。"店员不停地介绍着。

"香料具体有什么作用呢？"花花问店员。

"在没有冰箱的时候，香料可是保存食物最好的防腐剂呢！有的香料还可以用于烹饪，不仅能使做出来的菜肴更加美味，还对身体有一定的补养作用，有的香料还可以美容护肤呢。"三个小家伙听得津津有味。

从香料店出来，他们继续往前走着，琳琅满目的店铺和商品让三个小家伙目不暇接。从闪亮的金饰品到鲜艳的纱丽，从随处可见的餐饮店到商品一应俱全的杂货店，无不透露着印度传统的民族气息。

不知不觉已经接近中午，到了吃午饭的时间了，大胡子叔叔带着小家伙们朝一个印度餐馆走去了。

"你好，请为我们上四份手抓饭！"一进餐馆，大胡子叔叔便召唤着服务员。

"大胡子叔叔，手抓饭是不是要用手抓饭吃啊？"映真猜测道。

"是啊，待会儿吃的时候你们可要记住用右手抓啊，这是印度人的风俗习惯，要入乡随俗。"大胡子叔叔不厌其烦地提醒着大家，"走，我们先洗手去！"

等大家回来时，香喷喷的手抓饭已经上桌了。

"小家伙们，我们开始吃吧！"大胡子叔叔一声令下，三个小家伙开始尝试手抓饭的乐趣，一个个都兴奋不已。

第 **9** 章

好高的摩天轮啊！

　　"走，我带你们观赏新加坡的夜景去！"晚饭后，大胡子叔叔领着三个小家伙往外走了。

　　"大胡子叔叔，在中国，驾驶座好像是在左边的啊？"在出租车上，花花不解地问道。

"没错，有没有发现这里还有什么跟你们中国不同呢？"大胡子叔叔问花花。

"在中国，车辆是靠右行驶的，在这里车辆都靠左行驶。"花花一时好像还反应不过来，映真连忙帮她回答上了。

"映真说得没错，新加坡刚好跟中国相反。所以，在新加坡过马路的时候，我们得先看右边再看左边，知道吗？"

"知道了！"三个小家伙异口同声地回答道。

不一会儿，他们就来到了一个摩天轮底下。大胡子叔叔介绍说："孩子们，你们面前的是新加坡的飞行者摩天轮。在摩天轮上，我们可以饱览新加坡的美丽景色。来，我们一起上去吧。"

"哇！好高的摩天轮啊！"吉米一蹦一跳地跟随着大胡子叔叔。

"是啊！从没坐过这么高的摩天轮！"映真也兴奋不已。

只有花花呆呆地站在原地，一句话也没说。大胡子叔叔觉察出她有点不对劲，连忙问她是不是不喜欢坐摩天轮。花花凑在大胡子叔叔耳朵边悄悄说："这个摩天轮太高了，我害怕。"大胡子叔叔轻拍她的肩膀，告诉她不要害怕，就当成是坐在家里的凳子上一样。

　　在大胡子叔叔的鼓励下，花花终于鼓起勇气。她牵着映真和吉米的手，跟随大胡子叔叔走进摩天轮的一个观景舱里。

　　"这个摩天轮一共有28个观景舱，每个观景舱可以容纳28个人。有些观景舱里设有餐桌，游人们可以一边欣赏风景，一边用餐。"一上观景舱，大胡子叔叔便介绍起来。

　　"真够大的！大小比得上一辆巴士了！"吉米第一次坐如此高大的摩天轮。

　　"飞行者摩天轮直径约150米，总高度约165米，完全超过了英国的伦敦眼和中国的南昌之星。"听着大胡子叔叔的介绍，三个小家伙都惊讶地张大了嘴巴。

"大胡子叔叔，这个摩天轮旋转一圈要多久啊？"花花紧张地问。

"一般是30分钟左右，不要紧张，我们在这上面是很安全的，你要放松下来，尽情欣赏风景。"大胡子叔叔鼓励着花花。

新加坡的夜空灯火璀璨，甚是美丽，座座高楼大厦在夜幕的笼罩下竞相争辉，路灯整齐地排列着，照射在跨边的树木上，更是为这个夜间的城市增添了几分绿意和生机。

"大胡子叔叔，那是什么河啊？"映真指着摩天轮下方的一条河问道。

"那是新加坡河，是新加坡经济和文化的源头，也是当地人的生命之河。"

　　"大胡子叔叔，你看！那座楼怎么跟其他楼不一样啊？那三栋楼的楼顶上像撑着艘船一样，那是什么呢？"吉米指着一个奇怪的建筑物问道。

　　"哈哈，它是新加坡的滨海湾金沙娱乐城，整个建筑群由三座55层高的主楼组成，楼顶是一个大型的空中花园。我会带你们去那儿玩的！"大胡子叔叔认真地回答。

　　"在这个高耸入云的摩天轮上，我们不仅能饱览新加坡的夜景，还可以将印度尼西亚及马来西亚部分岛屿的大好风光尽收眼底呢！现在，让我们好好欣赏眼前的景致吧！"

第 **10** 章

夜游野生动物园

"休息好了吗？小家伙们！"见天色马上就要暗下来了，大胡子叔叔便叫着正在床上趴着的三个小家伙。他叫了几声都没动静，便在他们身上拍了几下，三个小家伙像触了电一样连忙爬了起来。

"大胡子叔叔，我刚才梦见一头大狮子，那头狮子真的好大好大，我还骑到它的背上去了，像骑马一样，好刺激！"吉米迫不及待地跟大胡子叔叔说着自己刚才做的梦。

"难怪怎么叫你都不醒，我还以为你被大狮子吃了呢。好了，大家

赶快去穿衣服，我今晚想带你们去新加坡的夜间野生动物园。"大胡子
叔叔说。

"什么？这么晚去野生动物园？"映真好奇地问道。

"那些动物都睡着了吧？而且四周都是黑漆漆的一片，什么都看
不见啊。"吉米也迷惑了。

"哈哈，这你们就不知道了吧。新加坡的夜间野生动物园可是世
界上第一个专门为夜间活动的动物而建造的动物园。"大胡子叔叔解
释道。

"啊？还有这样的动物园？"小家伙们一个个都好奇不已，恨不
得马上到那里探个究竟。

　　没过多久，他们便来到了夜间野生动物园。园中有三条步行小道，分别是渔猫小径、花豹小径和巨木森林小径。在这里，游客们可以选择步行，或者乘坐电瓶车游园。在这个问题上，大家讨论了好久，为了安全，大胡子叔叔最终决定带小家伙们乘坐电瓶车游玩。

　　"这个夜间野生动物园建于1994年，拥有130多种动物，其中35%属于濒危种类。园内还保存了新加坡仅存的几块热带雨林，游客如果选择在巨木森林小径上步行游园，还会看到上百种本土植物，有些树木的树龄甚至超过了百年。"

　　"我们可以夜间探访蟒蛇、花豹等动物。"电瓶车在月光下慢慢地向前移动，大胡子叔叔也不停地向三个小家伙介绍着。

　　"看！大胡子叔叔，那是什么啊？"花花突然惊奇地问。

　　"笨蛋！那是大犀牛啦。"吉米得意地回答。

　　"大胡子叔叔，下面的那些动物不会冲到我们这边来吧？"花花有些担心地问。

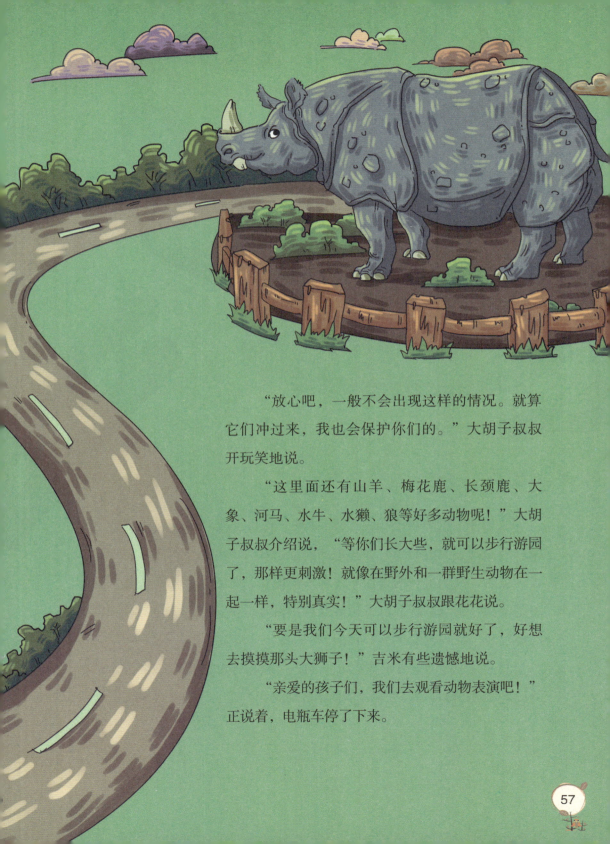

　　"放心吧，一般不会出现这样的情况。就算它们冲过来，我也会保护你们的。"大胡子叔叔开玩笑地说。

　　"这里面还有山羊、梅花鹿、长颈鹿、大象、河马、水牛、水獭、狼等好多动物呢！"大胡子叔叔介绍说，"等你们长大些，就可以步行游园了，那样更刺激！就像在野外和一群野生动物在一起一样，特别真实！"大胡子叔叔跟花花说。

　　"要是我们今天可以步行游园就好了，好想去摸摸那头大狮子！"吉米有些遗憾地说。

　　"亲爱的孩子们，我们去观看动物表演吧！"正说着，电瓶车停了下来。

　　大家来到了一个露天的圆形剧场，舞台上美洲狮正在表演跳火圈。可是到了关键时刻，那头美洲狮却蹲在火圈旁边，迟迟不肯穿过去。最后，在驯兽员的督促下才很不情愿地站了起来，然后懒洋洋地退了几步，奋身一跃。台下的观众看得目瞪口呆，在它安全穿越火圈的那一刻，台下响起了一阵阵热烈的掌声。

　　精彩又惊险的节目轮番上演，掌声一阵又一阵地响起，气氛非常活跃。直到剧场落幕后，大家才依依不舍地离开。

第11章

走，到屋顶游泳去！

"哈哈！大胡子叔叔真是太好了！带我们来这儿了！"映真的表情很兴奋。

"那当然！我什么时候骗过你们！"大胡子叔叔像个受到表扬的小孩子一样高兴。

"这是哪里啊？"花花好像还不知道情况，一副刚睡醒的样子。

"真是健忘！这是我们那晚在摩天轮上见到的啊，大胡子叔叔告诉我们这是金沙娱乐城。"吉米指着面前的建筑物解释着。

"对！上面那个东西好像一艘船！记起来了！"经吉米的提醒，花花一下子就想起来了。

"大胡子叔叔，你会带我们到那艘船上去吗？"花花指着大厦的顶上问着。

"你们想去吗？"大胡子叔叔笑眯眯地问。

"当然想啊！你说上面是空中花园，一定很漂亮！"花花回答。

"那里那么高，你这次不害怕了吗？"大胡子叔叔问道。

"啊？什么？我没听见！"大胡子叔叔竟然又提起上次摩天轮花花害怕的事情了，花花就装作没听见。

　　不知不觉，几个孩子已经在大胡子叔叔的带领下来到了金沙娱乐城的屋顶。

　　"哇！这上面有一个好大的游泳池啊！好壮观！"吉米感叹道。一旁的映真和花花也被眼前的美景震撼了，站在原地愣神。

　　"终于来了！我在这儿等你半天了，打你电话也关机！"上屋顶没多久，便见到一个跟大胡子叔叔年龄差不多的高个子男人，他好像是大胡子叔叔的朋友。

　　"哈哈，不好意思，这些小家伙太磨蹭了，误了事。本来要打电话告诉你我们晚点到的，可是发现自己的手机没电了。"大胡子叔叔不好意思地向高个子男人解释着并把他介绍给了孩子们，说是自己的好朋友。

　　"你们几个会游泳吗？"大胡子叔叔的朋友望着小家伙们问道。

　　"我会！""我也会！"吉米和映真几乎同时答话。

　　“你呢？”大胡子叔叔的朋友将目光投向花花。

　　“我……不完全会……但……拿着救生圈……就会……”
花花吞吞吐吐地回答。

　　“哈哈，没事，叔叔教你游泳！”大胡子叔叔的朋友摸了
摸花花的头，温和地说。

　　“可是，你们看，这游泳池的周围没有护栏啊，会不会游
到楼下去。”花花有点担心。

　　“放心吧，孩子，无论你怎么游都不会游下去的，不信我们过去
看看！”大胡子叔叔指着前方对花花说。说着，他便去更衣室换上了
一套泳衣。吉米和映真跟随着大胡子叔叔游到了边上，花花也在大胡
子叔叔朋友的搀扶下慢慢地游了过去。

　　“远处看去，这就像个无边界的空中游泳池一样，太神奇了！”

花花气喘吁吁地说。

"这个游泳池约150米长，是奥运会游泳池的3倍。它还是世界上最高的户外游泳池，建在55层的楼顶上，第一眼看上去，就像建在世界的边缘一样，没有边界也没有护栏。其实，游泳池的边界外面是有一层护栏的。瞧！"大胡子叔叔的朋友解释道，然后指着下面的集水池说，"这游泳池里的水会流到那里去，经过过滤后又被重新输入游泳池里循环利用。"

"叔叔，这个游泳池下面是什么呢？"映真望着大胡子叔叔的朋友问道。

"游泳池的下面是一个空中花园，面积相当于10个奥运会游泳池，可以容纳4000名游客。花园内还种植着250棵树木，最大的树木被钢筋和混凝土固定住，这样就不怕被大风刮倒了。"大胡子叔叔的朋友介绍着。

"那花园下面的大厦是做什么的呢？"吉米追问道。

"下面是金沙娱乐城，有很多不同档次的客房，还有会议大厦、

娱乐

大型的商业中心、剧院及超现代主义博物馆，还有餐馆、酒吧、赌场等各种娱乐场所。"大胡子叔叔接着回答。

"下面是典型的娱乐城，有很多娱乐项目。有时间的话你们可以去博物馆和剧院转转。"大胡子叔叔的朋友建议。

"你们想去吗？"大胡子叔叔望着小家伙们问道。

"想！"三个小家伙毫不犹豫地一起回答道。

"那待会儿带你们去吧。现在我们先好好游泳。花花，你有专门的辅导老师了，快向他好好学习游泳吧！"大胡子叔叔说。花花欣喜地点点头。

第12章

新奇的新旧玩具

今天，大胡子叔叔早早就带着三个小家伙去新加坡河畔漫步。除了他们，河畔还有不少晨起的人们正在尽情地享受着这新一天的美好，说笑声不绝于耳。大家每隔一段距离便会见到一个茶餐厅或是咖啡厅，里面坐满了边欣赏河畔的风景边谈天说地的人们。

"真幸福啊！"花花突然蹦出这么一句话。

"是啊，新加坡不仅是个花园国度，还是个幸福的国度。"大胡子叔叔也不禁感叹起来。

　　不知不觉，他们已经穿过马路走在了另一条街上。

　　"大胡子叔叔，那是什么？"吉米指着橱窗里的一个玩具问道。

　　"好像是个外星人呢！"映真抢先一步告诉吉米。

　　大胡子叔叔见吉米对这件玩具十分好奇，便领着孩子们走进了那家玩具店。店里面最醒目的地方摆放着和橱窗里一样的"外星人"。玩具店的老板看见吉米进店后目不转睛地望着那个"外星人"，便开始介绍起来："小朋友，这个'外星人'是最近研制的玩具机器人。它不仅外形酷酷的，还会走路、跳舞，还能跟你讲话呢。它身上安装了独特的高智能系统，它后背上的这个盖子是可以打开的，瞧，这里有键盘，你只要将自己的学习计划输入

系统，这个外星人就会智能识别，并在适时的提醒你该做什么了。这个玩具特别适合10岁左右的孩子玩，学习娱乐两不误。这是我们店里这几天卖得最好的一款玩具。"

三个小家伙听得非常认真，连眼睛都不眨一下。老板说完便将"外星人"拿给了他们，让他们试玩。

"现在的孩子可真幸福，连玩具都这么高科技！"大胡子叔叔与玩具店老板攀谈起来。

"是啊，我们小时候可没有这么智能的玩具啊，这些东西只能在动画片里见到。我小的时候，很喜欢阿童木，还喜欢中国的孙悟空。对了，离这儿没多远的地方有一个'Mint玩具博物馆'，你可以带这几个孩子去看看我们那个年代的玩具，顺便自己回味一下。你们一定会

喜欢上那里的。"玩具店
老板脸上闪出一丝兴奋。

　　大胡子叔叔记下玩具博物馆的地址。可三个小家伙似乎不愿离开
这里，他们还在把玩那个"外星人"。大胡子叔叔知道他们舍不得放
下它，便毫不犹豫地将"外星人"买了下来。

　　Mint玩具博物馆是一座5层楼高的现代建筑。大胡子叔叔带孩子们
从顶层开始参观。

　　"你好！欢迎来到Mint玩具博物馆！"一位解说员迎了上来。

　　"Mint玩具博物馆，具体含义是什么呢？"大胡子叔叔好奇地问。

　　"'Mint'是'Moment of imagination and nostalgia with toys'的缩
写，意思是玩具营造的想象与怀旧时刻。"解说员微笑着回答。

　　紧接着，她又认真地向大家介绍："这是世界上第一座以玩具为

主题的博物馆，馆内展示着19世纪中期到20世纪中期的玩具藏品。当然，这些陈列的玩具不是固定的，大家每次来这里看到的都只是藏品中的十分之一，剩下的宝贝都放在仓库里，我们会定期更换展品。为了见到更多的藏品，欢迎你们常来！"

玩具博物馆内的玩具品种真多，有蜘蛛侠、大力水手等人物玩具，有各个国家的玩具珍品，有十分罕见的"希望之门"玩具收藏，还有独有的泰迪熊收藏、中国连环画封面收藏等等。展柜上面摆满了各式各样的玩具，它们的造型都很可爱、有趣，大家看得眼花缭乱。

大胡子叔叔像是被带回了童年，脸上洋溢着灿烂的笑容。三个小家伙在展柜前跑来跑去，他们对这些陌生的玩具好奇不已。虽然不同时代的童年会有不同的玩具，但是每个人在儿时的那份天真和快乐都是相同的。

第 **13** 章

新加坡也有海南鸡饭呀！

"孩子们，到了吃午饭的时间了。我带你们去品尝特色美食吧？"从Mint玩具博物馆走出来，大胡子叔叔带大家来到一家名为"逸群鸡饭"的餐厅前。

花花留意到门口的招牌上写着"海南鸡

中国

新加坡

饭", 便惊奇地问大胡子叔叔: "海南鸡饭? 这不是中国海南岛的特产吗? 怎么在这里也能吃到呢?"

"没错, 海南鸡饭起源于中国海南的文昌市, 随着20世纪初期的移民热潮, 这道菜便由海南传入了新加坡。没想到新加坡人很喜欢这道菜, 所以海南鸡饭在新加坡很有名气, 慢慢的, 在国际上也流行起来。" 说着, 大家便走了进去。

"哇! 这么多的人!" 映真见店里的顾客络绎不绝, 热闹非凡, 不由得惊叹起来。

"可是, 这店面看上去好旧啊! 这里的东西真的好吃吗?" 吉米小声地说。

"这家店是上世纪五六十年代的风格, 店里的伙计、服务员、助手等工作人员也都以头发花白的老人为主，这可是逸群鸡饭文化的一种传承。"大胡子叔叔充满敬仰地解释。

"这附近本来还有一家传统的鸡饭老字号，叫作'瑞记'，它和逸群鸡饭都兴起于20世纪60年代，那时瑞记的声名甚至还高于逸群，但后来，瑞记的传人意外去世，手艺便失传了，瑞记这个店也就散了。瑞记消失了，逸群便成为人们怀旧的寄托。"大胡子叔叔继续向孩子们介绍着。

"这个店凭借它独特的海南鸡饭而发展到今天是多么难得啊！"一听大胡子叔叔的介绍，花花不由得感叹起来。坐在旁边的映真也四处张望着店里面的一切，像是想窥视到这个店最初的样子。吉米则时不时地揉着自己的小肚子，没过多久就问大胡子叔叔他们的海南鸡饭什么时候才能上桌。

　　"大胡子叔叔，我的小肚子都叫了好多遍了，我们的海南鸡饭怎么还不来啊？"听，这个贪吃的吉米又开始叫嚷了。

　　"你好！这是你点的海南鸡饭！"服务员终于将海南鸡饭端上来了。

　　"哈哈！终于来了！谢谢你！"吉米连忙有礼貌地跟服务员道谢，终于可以开吃了，这会儿他开心得嘴都合不拢了！这位两鬓斑白的服务员见小家伙这么激动，都笑出声了。

　　"吉米，你可少吃点，别将这个店里的饭全给吃了啊！那样老板以后可是要谢绝你入内的啊！"花花见吉米狼吞虎咽的样子也不忘挖苦嘲弄他一番。吉米装作没听见，继续专注地大口大口吃着。映真和大胡子爷爷都笑了。

冷水

　　"别只顾狼吞虎咽啦！沾点辣椒酱和黑酱油味道更好！"大胡子叔叔提醒吉米，他这才反应过来，原来自己只顾填饱肚子，都忘了好好品味这道美味了，吉米这才开始放慢速度。

　　"大胡子叔叔，这个鸡肉又鲜嫩又不乏弹性，是怎么做到的啊？"映真突然问道，可见他一直都在细细地品味着这道美味佳肴。

　　"这个嘛，可得问这里的服务员啊。"大胡子叔叔说着便招手叫来一个服务员。

　　"你好，这小家伙刚才问我这个鸡肉为什么又嫩又有弹性，呵呵，我不知道，还得请教你呢。"大胡子叔叔礼貌地对那个服务员说。

"嘿嘿，这道菜的做法可是我们的秘方哦，是不外露的。不过可以回答这个小朋友的问题。将鸡适当煮后再放在冰水中冷却，这样就能保持它的鲜嫩了，而且还能让鸡肉富有弹性。"服务员回答着。

"那这个饭是怎么做的呢？有鸡汤的浓香味，但又不像是放了鸡汤在里面啊。"花花也问道。

"这个饭啊，是先将米炒一会儿，再加点盐继续炒，之后将其倒入饭锅，然后加入适量的鸡汤，接着将饭煮熟便可以了。很简单的，小朋友回去也可以学着做呢！"服务员继续亲切地回答着。

"真好吃！突然发现这个鸡肉味道正合我胃口，这个饭也很好吃。我都吃了三碗了！"吉米突然蹦出这么一句话，惹得大家都笑了。

第14章

五彩缤纷的海底世界

"咦？大胡子叔叔，这儿我们不是来过吗？"映真发现大胡子叔叔今天带他们来的这个地方似曾相识，便奇怪地问道。

"还记得这是哪儿吗？"大胡子叔叔问道。

"好像是圣淘沙岛？我们上次来过这儿的，你还告诉我们它曾经

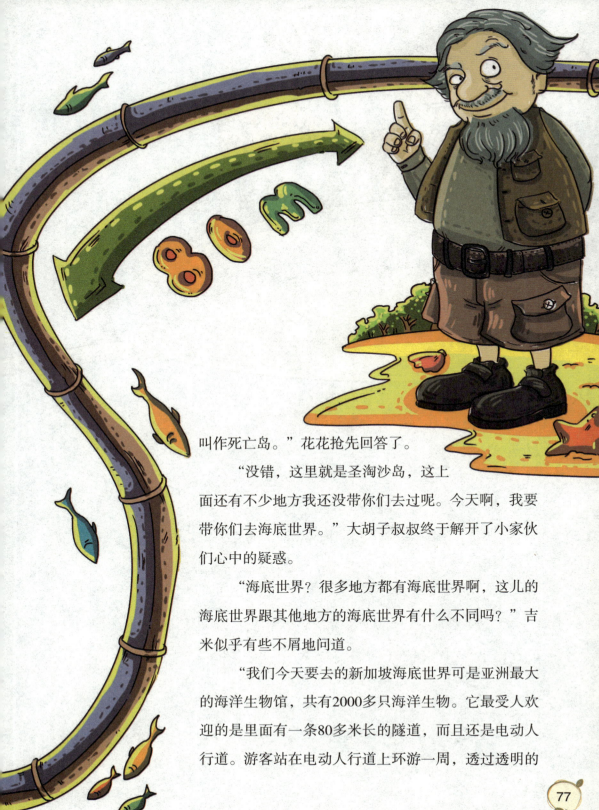

叫作死亡岛。"花花抢先回答了。

"没错，这里就是圣淘沙岛，这上面还有不少地方我还没带你们去过呢。今天啊，我要带你们去海底世界。"大胡子叔叔终于解开了小家伙们心中的疑惑。

"海底世界？很多地方都有海底世界啊，这儿的海底世界跟其他地方的海底世界有什么不同吗？"吉米似乎有些不屑地问道。

"我们今天要去的新加坡海底世界可是亚洲最大的海洋生物馆，共有2000多只海洋生物。它最受人欢迎的是里面有一条80多米长的隧道，而且还是电动人行道。游客站在电动人行道上环游一周，透过透明的

隧道尽情地欣赏海洋生物的自由遨游……好了，我先就说这么多，等到了那里再慢慢给你们介绍吧！"大胡子叔叔故意卖着关子。

"大胡子叔叔，这就是你刚才说的那个隧道吧？"没多久他们便来到了海底世界，花花指着旁边的那个大大的玻璃罩问道。

"没错，现在我们可以尽情地欣赏如此之多的海洋生物了。"大胡子叔叔肯定地回答。

"这里热带鱼最占优势，无论数量还是种类都很繁多，而且汇集了各种普通品种和珍稀的品种。"大胡子叔叔给小家伙们介绍着。

"真的有好多鱼！看得我眼都花了！"映真一会儿看看左边，一会儿又转到右边，生怕错过没见过的品种。

"是啊是啊，好多漂亮的鱼，五颜六色的，真的像是在童话世界里一样。如果我能够生活在这个隧道里，每天都可以见到这么多漂亮的鱼，该多幸福啊！哈哈，那我就成美人鱼了！"花花一下子就沉浸在海底世界里，开心极了！

"大胡子叔叔，看，这里有个触摸池！"走在最后面的吉米突然叫道。

"噢，差点忘了，走，我们过去吧。"大胡子叔叔突然想起了什么，便领着映真和花花走到了吉米旁边。

"这是个触摸池，我们可以在此自由地触摸一些性情温和的海洋生物。"大胡子叔叔解释道。

一听可以自由触摸，三个小家伙一个个都将手伸入了水中。

"大胡子叔叔，这是什么？摸上去好柔软、光滑啊！"映真指着他手下方的那条鱼问道。

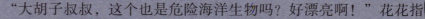

“这个是蓝点虹鱼。瞧，这个头生双角的叫作牛鱼。”大胡子叔叔回答后又指着另一条鱼跟小家伙们说道。

“大胡子叔叔，那是什么啊？怎么我一碰它就成那样子了啊？”花花指着底下的一个东西好奇地问道。

“那个啊，叫作刺河豚。当它受到威胁时，身体便会吸入大量的水，从而迅速膨胀成那样，这是它吓跑敌人的方式。”

“我们到那边的穴居与危险海洋生物区去看看吧。”在触摸池看了一会儿后，大胡子叔叔便领着孩子们走到了另一处。

“危险海洋生物？”吉米好奇地问道。

“没错，在那个区的都是比较危险的海洋生物。”大胡子叔叔解释道。

说完，他们便跟着随大胡子叔叔往那边走去了。

“大胡子叔叔，这个也是危险海洋生物吗？好漂亮啊！”花花指

着一条近乎红色的鱼问道。

"是啊，那个叫作狮子鱼，集美丽与危险于一身。有些东西看上去漂亮，其实一接近它就会发现是危险的。在自然界有个规律，那些体色越是鲜艳的动物，越有可能是危险的。"大胡子叔叔解释着。

"瞧，那个看上去跟石头一样的生物，就是善于在海底伪装的石头鱼。"大胡子叔叔又指着一个像石头一样的鱼介绍道。

三个小家伙一边听着大胡子叔叔的介绍，一边目不暇接地观察着各种各样五彩缤纷的鱼儿，一会儿蹦着问大胡子叔叔这是什么鱼，一会儿又跳着问那个是什么，好奇又兴奋，连之前并没多大兴趣的吉米都被玻璃罩外面的那些各式各样的海洋生物深深地吸引住了，走得极

其缓慢，常常掉在队伍后面叫其他人等等他。

"这儿我们差不多参观完了，我们到海豚乐园去吧！"隧道差不多走完了，大胡子叔叔对小家伙们说。

"海豚乐园？"映真惊奇地问道。

"是啊，在那里，我们可以跟粉红海豚嬉戏，还可以看到海豚精彩的表演呢！"大胡子叔叔介绍着。

小家伙们一个个兴奋不已，恨不得马上能够跟海豚在一起。

相信这次的海底世界之行他们一定会很难忘的！

第 **15** 章

玩转环球影城

"大胡子叔叔，怎么今天又带我们到这里来了啊？"吉米无奈地问。

"是啊，昨天才到里面的海底世界去过，都来了好几次了。"花花也跟着说。

"大胡子叔叔说过，这里面有好多好玩的呢！"映真见吉米和花花不耐烦的样子，连忙跟他们解释道。

"还是映真懂事些。这里我们虽然来过好几次了，但要想将里面玩遍可不容易啊！"大胡子叔叔淡定地说。

"那我们今天要去玩什么呢？"一听说有好玩的，吉米一下精神焕发，迫不及待地问大胡子叔叔。

"今天啊，我们要去的那个地方可谓是你们小孩子的天堂。哈哈，乖乖地跟着我走吧，到了就知道了！"大胡子叔叔故意逗吉米，惹得他心痒痒的。

一听大胡子叔叔那样说，三个小家伙一个个瞬间都精神抖擞起来了，跟在大胡子叔叔身后一蹦一跳的，没一会儿便跑到了大胡子叔叔前面好几米的地方，仅而叫大胡子叔叔快点。

"环球影城？"映真看着大门上的字惊奇地问。

"没错，这就是我今天要带你们玩的地方——环球影城。"大胡子叔叔高声回答。

"环球影城？大胡子叔叔，你不会是带我们来这看电影吧？"听

说是影城，花花不解地问大胡子叔叔。

"对啊，带你们去看一部精彩的大片！"大胡子叔叔故意逗小家伙们。

"不会吧！大胡子叔叔，你今天就是特意带我们来看电影的啊？"吉米丧气地说道。

"哈哈，傻瓜！谁告诉你们环球影城就是看电影的啊？这可是东南亚地区唯一的环球影城主题公园呢！"为了不坏了小家伙们的兴致，大胡子叔叔终于说出真相来。

"主题公园？哇哈，又可以好好地玩一通啦！"一听说是主题公园，吉米一下子高兴得大喊着跳了起来，三个小家伙便兴高采烈地飞奔进入了环球影城的大门。

大胡子叔叔赶紧跑过去跟上了小家伙们。

"这里面一共有24个游乐设施和景点，其中有18个是专门为新加坡设计、全球独有的游乐项目。新加坡的环球影城一共拥有7个主题区，包括纽约、好莱坞、科幻城市、古埃及、失落的世界、遥远王国，还有马达加斯加，每个主题区都各具特色。"大胡子叔叔向小家伙们介绍着新加坡环球影城。

　　"哇！我想去好莱坞！"花花叫道。

　　"我要去科幻城市，那里一定很刺激！"吉米兴奋地说。

　　"我想去古埃及看金字塔！要是有恐龙就更好了！"映真也激动地说。

　　"哈哈，我都会带你们去的。走，我们现在就去！"说着，大胡子叔叔便领着孩子们向前面走去。

　　"耶！前面就是好莱坞剧院了！"花花惊喜地大喊着，然后飞

奔而去。"哈哈，瞧，我像不像好莱坞明星？"花花站在星光熠熠的"星光步道"上，学着电影明星的样子做了个动作。

"臭美吧你！"吉米说完便吐着舌头朝花花做了个鬼脸。花花则继续开心地在那儿摆着各种姿势，让大胡子叔叔给她拍照。

"大胡子叔叔，那是什么啊？"一声声尖叫将吉米吸引了过去，他指着不远处问。

"那是全球最高的双轨过山车！乘上它会接连感受到零重力旋转、螺旋旋转及垂直旋转等带来的目眩神迷，还能感受到与对面车几乎要碰撞的惊险刺激。"大胡子叔叔告诉吉米。

"好恐怖啊！"花花听着便打了个寒战。

"再向前走，我们就会到达科幻城市了。"大胡子叔叔指着双轨过山车的那边说道。孩子们听后兴奋不已，拉着大胡子叔叔想快点往那边走去。

　　"整个科幻城市都坐落在一个巨大的地下发电厂，那是个由奇思妙想打造而成的科幻城堡，里面不但夹杂着不少古老生物与古文化的遗迹，更是充满了各种让人难以置信的尖端科技，可谓是未来世界的一个小缩影。"大胡子叔叔依然站在那儿不动，向小家伙们介绍着。

　　"那边是古埃及。"大胡子叔叔指着右前方说，"里面有古老的金字塔和方尖碑，仿佛将游客带回了上世纪30年代的埃及，那里还有惊险刺激的'木乃伊复仇记'过山车。"大胡子叔叔简单地介绍着。

　　"大胡子叔叔，你就别说了，让我们先去玩吧！"吉米听得心里痒痒的，迫不及待地打断了大胡子叔叔的话，还拉着大胡子叔叔的衣

袖撒起娇来。

"好吧好吧，我待会儿再慢慢给你们讲解。走吧，我们先去科幻世界吧。"见小家伙们一个个都等不及了，大胡子叔叔便答应先带他们去玩，说完便拉着他们出发了。

"哈哈，终于可以开始玩去啦！"吉米激动极了，映真和花花也得意地手舞足蹈起来。

第 **16** 章

今天是什么节日呢?

"大胡子叔叔,快来看呀,外面好热闹!"刚睡醒的映真透过窗户看见外面热闹非凡,便叫来了大胡子叔叔。

大胡子叔叔跑来透过窗户一看,好像突然想起了什么,便问映真:"今天是几月几日了?"

"可能是……8月9日……对!就是8月9日,因为昨天是8月8

日。"映真揉揉惺忪的双眼吞吞吐吐地回答。

"那就对了。8月9日是新加坡的国庆节，我都差点忘了这个节日了。我们来得可真是个好时候！"大胡子叔叔激动地说，刚一说完，门外花花和吉米就叫他了。

"大胡子叔叔，今天是什么好日子啊？外面好热闹呢！"大胡子叔叔叫他们俩下楼去买早餐，没想到去了这么久才回，刚才大胡子叔叔还在嘀咕着这俩家伙怎么还没回来呢，原来也是被那热闹场面给吸引住了。

"今天是新加坡的国庆节！"映真替大胡子叔叔回答了。

"国庆节啊，那今天一定有很多好玩好看的热闹场面了！大胡子

节日快乐

叔叔，快点带我们出去逛逛吧！"一听说是国庆节，花花便扯了扯大胡子叔叔的衣袖，希望他快点带他们出去玩。

"好好好！你们先把早餐给吃了，待会儿收拾下就带你们出去玩！看新加坡人是怎么庆祝国庆的。"大胡子叔叔受不了小家伙的撒娇，赶紧答应带他们出去玩。

映真马上以飞一般的速度换上衣服，冲进洗漱间洗漱去了，花花和吉米则一边催促映真快点，一边快速地吃着早餐。

"哈哈，出门咯！"一出门，花花便开心得不得了。

"叔叔阿姨，节日快乐！"在路上迎面走来一对年轻夫妇，吉米笑嘻嘻地朝他俩说着"节日快乐"，对方也开心地回了句"同乐同乐"。见吉米今天如此热情，花花和映真偷笑着。

街道上来来往往的行人比平常多了很多。"大胡子叔叔，他们今天放假吗？"映真问道。

"每年的国庆节新加坡人都会集体放假一天，共同庆祝这个伟大的时刻。"大胡子叔叔回答着。

"哈哈，我们中国国庆节放7天假呢！"花花美滋滋地说。

一路上行人都面带笑容，不少人穿着红红火火的印有爱国标志的T恤，有些人还将新加坡国旗贴在额头、手腕、背上或是身体的其他部位。大胡子叔叔带着三个小家伙来到了圣淘沙岛的名胜世界，整个名胜世界都换上了祥和、喜庆的新装，全然一副崭新的模样。一个小舞台上正在上演精彩的节目，赢得了行人们的阵阵掌声。

"大胡子叔叔，这些蜡烛好大好高！"吉米望着前方高大的蜡烛跟大胡子叔叔说。

"是啊，这些大大的蜡烛还围成了一副新加坡地图呢！"大胡子叔叔跟孩子们说。

"大胡子叔叔，快过来看啊，这里好多小朋友在画画呢！"映真在前方招手大喊着。

大胡子叔叔走过去一看，原来是小朋友们在用自己的方式庆祝国庆节。见三个小家伙在看着那些小朋友画画，眼睛都不舍得眨一下，便问小家伙们："你们想画吗？"

"想！"映真率先发言。

花花和吉米也纷纷表示自己要画。

于是，大胡子叔叔便找了几个空位，让他们三个坐下来画画。三个小家伙画得可认真了，有模有样的，真像一个个小画家。

画了好一阵子，小家伙们终于画完了，竟然不约而同地都画了新加坡的国旗，吉米还在自己手臂上画了个小的国旗。大胡子叔叔看见小家伙们画的画，竖起了大拇指，表扬小家伙们画得不错。瞧，三个小家伙一经表扬就笑得嘴巴都合不拢了。

不知不觉的，路上站了很多人。

"国庆庆典正式开始了！"见小家伙们一个个惊奇的目光，大胡子叔叔告诉他们是庆典开始了。

　　前方的电子屏幕上正在现场直播国庆庆典。升国旗奏国歌的指令一下达，所有人都笔直地站立了起来，现场瞬间肃静了下来。之后屏幕上出现的是检阅礼，陆军、海军、空军等齐步向前迈进着，将现场的气氛一下子推向了高潮。

　　"晚上还有精彩的焰火表演呢！整个新加坡夜空都将被绚烂的焰火点亮，甚至能感觉到整个新加坡都欢腾了起来呢！"大胡子叔叔激动地对小家伙们说。

　　"想想都美。"花花边说边闭着眼睛尽情地想象着。

　　"一定很壮观！"吉米用夸张的语气说着。

　　看着身边一个个新加坡人激情澎湃的样子，三个小家伙也被感染了："让我们共同庆祝新加坡国庆快乐吧！"

第 **17** 章

听万象馆讲那
过去的事情

"今天我们去新加坡万象馆。"大胡子叔叔宣布着。

"万……象……馆？去看……大……象？"映真结结巴巴地问道。

"映真，你真该认真学习中文的！"花花朝映真说，吉米则偷笑

96

不已。

　　"新加坡万象馆就如一个时光隧道，它主要是通过一些复制品、栩栩如生的蜡像及各种最新的科技向游客展现新加坡的历史。"为了不让小家伙们误解，大胡子叔叔向他们简单地介绍着。

　　"原来是这样啊！那我们快点走吧！"吉米颇有兴致地催促着。

　　一切准备就绪后，他们在大胡子叔叔的带领下往万象馆奔去了。

　　"这是14世纪时新加坡的样子，这里向我们展示了当时新加坡各方面的情况。"望着眼前栩栩如生的一切，大胡子叔叔向小家伙们介绍着。

　　"大胡子叔叔，那些人在做什么啊？"吉米指着前面一排穿着奇装异服坐着的人好奇地问道。

　　"哈哈，那蜡像做得够逼真吧？那是通过蜡像再现了1819年英国的莱佛士跟马来苏丹签订协议将新加坡建成贸易港口的情景，现代新加坡便由此诞生。"大胡子叔叔笑着给小家伙们讲解着。

　　"啊！……"花花突然尖叫了一声，将大胡子叔叔吓了一跳，赶紧问她怎么了。

　　"那个蜡像刚才动了一下。"花花小声地告诉大胡子叔叔。

　　"哈哈，傻孩子，蜡像怎么会动呢！那是个真人啦！"大胡子叔叔大笑着告诉花花，听大胡子叔叔说那是个真人，花花开始还不相信，在大胡子叔叔的引导下，她走近那个人认真看了好一会儿，才相信那确实是个真人，这会儿她才消除了刚才的恐惧。

　　"那个人的工作可真简单，就是每天坐在这里吓游客。"花花轻声嘀咕着，吉米和映真不禁哈哈大笑起来，大胡子叔叔也笑了，花花调皮地冲他们做了个鬼脸。

　　"那时的新加坡人住的房子就是这样子的，有些像中国的建筑风

　　格。"大胡子叔叔指着前面一间
看上去很旧的小屋向小家伙们介绍。

　　"这里主要是通过老相片向我们展示当时的一些重要事件和建设
新加坡的画面。"经过一面相片墙时，大胡子叔叔说，随即便向小家
伙们分别讲解那些老相片。

　　"大胡子叔叔，看，那个男人还留着长辫子呢！你说他跟那个老
爷爷在干吗呢？"映真睁大眼睛惊奇地问。

　　"那个留着长辫子的应该是华人，那个老人是在帮他写信。那时
的教育并没现在这么普及，不是每个人都会认字写字的，所以当时有
一种职业就跟那个老人一样，专门为别人写东西，可以帮别人写信，

也可以是写启示通告什么的。"大胡子叔叔认真地解释着。

"万象馆还向我们讲述了上世纪五六十年代新加坡的马来人、华人及印度人的风俗习惯。"大胡子叔叔边走边说。

"大胡子叔叔，那边是不是饭店啊？我看见有人在吃饭。"吉米指着那边兴奋地问着。

"哈哈，你过去看看。"大胡子叔叔顺着吉米手指着的方向看过去，竟然大笑起来，开玩笑地叫吉米过去看看。

"这菜可真够丰盛的。呵呵，可惜不能吃。"花花故意冲吉米扮了个鬼脸，吉米失望地叹着气。

"大胡子叔叔，那个人是不是印度人呢？他手上为什么拿着花呢？"映真问道。

"是的，那是个印度籍卖花的小商人。新加坡是个多元化的国家，这里也生动地向我们展示着它的多元性。瞧！那边还通过

蜡像向我们展示了新加坡不同民族的婚嫁习俗。"大胡子叔叔告诉小家伙们。

"这里生动地向我们讲述了新加坡从一个小渔村发展到现在的花园国家的过程，比起那些全部通过文物和文字介绍一个城市或国家历史的博物馆来说，万象馆更能让人有种身临其境的感觉，就像穿越时光隧道一样。"大胡子叔叔说。

"这里将新加坡的历史和新加坡各个种族的生活习俗甚至一些小细节都形象地向我们展示了，让我们更加直观地了解了新加坡。"吉米严肃地说。

小家伙们在大胡子叔叔的带领下认真参观着，他们不愿放过万象馆里任何一个小细节，生怕错过了每一段小时光。

第 **18** 章
你知道曾经的亚洲
"四小龙"吗？

"大胡子叔叔，昨天在万象馆真的让我受益匪浅。没想到新加坡这么小一个国家，竟然能在这么短的时间内发展得如此迅速。"晚餐后，花花突然感慨道。

新加坡

中国台湾

韩国

中国香港

　　"是啊，新加坡在建国短短的40多年间便从一个贫弱的弹丸小国一跃成为亚洲'四小龙'，这可以说是一个奇迹了！"大胡子叔叔也感慨着，"对了，你们知道亚洲'四小龙'是哪几个国家吗？"大胡子叔叔突然想起什么似的问道。

　　"我知道，有韩国一个。"映真高呼着。

　　"还有新加坡。"吉米接着说。

　　"四条龙你们才说了两条呢，还有中国的香港和台湾。"花花继续说着。

　　"你们都没错，这亚洲'四小龙'的共同点就是虽然面积不大，矿产资源也不多，但地理位置极其优越，与西方发达国家有着特殊的

关系。它们的经济在短时间内奇迹般地获得了飞速的发展。"大胡子叔叔向孩子们讲述着。

"1997年的亚洲金融危机将亚洲'四小龙'的经济带入了谷底。如今，十几年又过去了，'四小龙'也都不再是曾经的样子了。韩国变得物价上涨，人们的生活质量开始下降，贫富差距加大，产业竞争力也呈现出下降的趋势。"大胡子叔叔继续说着。

"没错，在我们韩国近几年是这样子的。"映真听大胡子叔叔说到韩国的那些问题，他像个大人一样，直点头，并发表着自己的见解。

"中国台湾从'龙头'变成了'龙尾'，经济一路走向衰退，出现了较为严重的经济边缘化危机。香港则从中国内地找到了机遇，近几年经济开始回转，人们生活水平也开始提高。新加坡经济虽也面临着不少挑战，但政府注重寻找新出路，并努力推动产业结构的升级，在挑战中创造机遇，使得新加坡的经济一直在稳步前进，经济形势向好的方向发展。"大胡子叔叔认认真真地讲着，小家伙们听得津津有味。

"大胡子叔叔，那是什么让新加坡发展得如此好呢？"吉米不解地问道。

"首先，得益于它的地理位置。它的传统经济就是以加工出口、航运和转口贸易为主，使它发展成为东南亚最大的海港城市、商业城市和重要的转口贸易中心，同时也是重要的航空中心和国际金融中心。由于政府管理得当，新加坡环境优美，风景秀丽，每年都吸引着大批的国际游客前来观光旅游，使得新加坡的旅游业成为国家三大经济支柱产业之一。"大胡子叔叔解释着。

"我觉得新加坡人的素质高也是它经济发展得如此迅速的原因之一。"花花也发表着自己的观点。

"对！素质也很重要！新加坡是一个法制健全的国家，有着极其严格的法制管理制度。政府是非常廉洁和诚实的，为百姓办事都会极尽所能地以高效率为己任。新加坡人民极具凝聚力和应变能力，更会自觉遵守国家的法律法规，自觉爱惜公共财产、维护公共秩序及国家的利益。一个地区一个国家要想做到这一切需要全体公民素质的提升！"大胡子叔叔激动地说。

"是啊，要是我们世界上所有人都能像新加坡人这样热爱和维护自己脚下每一寸土地就好了，那地球就变成一个大花园了！"映真也表达着自己的美好愿望。

"新加坡也是一个精英治国的国家，国家虽小，资源也极其贫乏，但他们极其重视人才。他们推行'精英主义'，倡导让最优秀的

精英主义

人来管理国家。同时，也非常注
重人才的培养，积极推行'全民教育'和'终
身学习'的治国战略，并不断地引进外来人才，为新加坡的发展添砖
加瓦。"大胡子叔叔继续发表着他的长篇大论。小家伙们围坐在大胡
子叔叔身旁。

"希望新加坡能一直保持着现在这么美好的环境，无论经济还是
科技文化都能发展得越来越好！"花花轻轻地嘀咕着。

"哗啦啦……"

"下雨了？"吉米听见水声，以为下雨了，映真和花花也仔细地听。

"哇！不好了！"花花叫道。

"怎么了？"大胡子叔叔疑惑地看着花花。

"不好意思！我刚才好像忘记关水龙头了！"花花只顾着听大胡
子叔叔说了，刚才跑去上厕所后竟然急得都忘记关水龙头了。

"浪费可耻！"映真和吉米不约而同地盯着花花说，花花的脸一
下子就红了。花花即刻跑去厕所关上了水龙头。

第 **19** 章

做客新加坡

"嗯嗯，好的好的，我们马上就过去！待会儿见！"大胡子叔叔大笑着挂断了电话，随后便催促三个小家伙赶紧准备好出门。

小家伙们一听说又要出门了，都特别兴奋，快速地换上衣

服，整理好出门要带的东西便凑到了大胡子叔叔身边。

"大胡子叔叔，我们今天又要去哪里？"花花兴奋地问道。

"今天带你们去我一个新加坡朋友家做客。"大胡子叔叔回答。

"太棒了！我们来新加坡这么久，还没有去别人家住过呢！"映真激动地说。

"是啊，也可以顺便让你们了解一下当地的风土人情。"大胡子叔叔满意地说。

"最主要的是又有好吃的啦！"吉米开心地嘀咕着。

"大胡子叔叔，跟我们说一下我们去你那朋友家做客需要注意些什么吧。"在去大胡子叔叔朋友家的路上，花花提议道。

　　"是啊，不然我们犯了禁忌都不知道，要是惹主人不开心了可不好，我们要做懂礼貌的客人。"映真也说道。

　　"有道理。那我就跟你们说说在新加坡怎么当好一个客人吧。"大胡子叔叔心想，自己朋友虽不是那种斤斤计较的人，但也应该让小家伙们学学相关的礼节，于是对他们说了起来。

　　"无论在哪里做客，我们都要入乡随俗……"

　　"慢点，大胡子叔叔，什么是入乡随俗？"映真打断大胡子叔叔的话，不解地问。

　　"入乡随俗就是每到一个地方就要遵守当地人的风俗习惯，现在我们在新加坡，就要遵循新加坡人的风俗习惯。"花花替大胡子叔叔向映真解释着。

"噢，原来如此！"映真点点头。

"我们今天要去拜访的那个朋友特别爱干净，进屋是要脱鞋的，你们到时可别就这样走进去了。大人见面时会握手，你们小孩子不用握手，但进屋时见到主人要记得有礼貌地叫叔叔阿姨，还可轻轻鞠一躬。"大胡子叔叔语重心长地说。

"新加坡人接待客人一般都是请客人吃晚饭或是午饭，刚才我那朋友打电话来，叫我们快点过去跟他们一起吃午饭。你们要记得，在新加坡跟印度人或马来人吃饭时是不能用左手的，我们今天要去的那个朋友是华人，所以没那禁忌。"大胡子叔叔继续跟小家伙们说着。

"还有，待会儿在那个叔叔家你们不要乱翻别人家的东西。乱翻东西无论在哪里做客都是不允许的。我那朋友有个女儿跟你们差不多

大，到时你们可以一起玩，互相交流学习一下……好了，快到了，我们先去买点礼物吧，去做客可不能两手空空啊。"大胡子叔叔说着，便到附近的商店买了束鲜花和一些糖果，四个人便径直往大胡子叔叔的朋友家走去了。

"终于来了！好久不见了！大家快点进屋，午饭都做好了，我们趁热吃吧！"开门的是位跟大胡子叔叔年龄差不多大的叔叔，看上去特别温和可亲，本来还有些紧张的小家伙们顿时轻松了许多。他们一进屋，那位叔叔便招呼大家先洗手吃午饭，这对肚子一直处于饥饿状态的吉米来说可真是再幸福不过的事了。

"一路辛苦了！小家伙多吃点！"阿姨说着便为吉米夹了一大块鸡肉，映真和花花想忍住不笑却还是笑出声来了。吉米不好意思地说了声谢谢。随后，阿姨又相继给花花和映真一人夹了一块，他俩也有礼貌地向阿姨道了谢。

"他们啊，就知道吃！一说到吃的就来兴致了。"大胡子叔叔笑着说道。

"小孩子嘛，正是长身体的时候，再说每天跟着你到处跑也够消耗体力的，是该多吃点。不像我们家可可，就是不肯多吃。"阿姨体贴地为小家伙们说好话，同时又

看了看自己的女儿。

　　"现在的孩子可真幸福，我们这么大的时候
一有空闲就得在家帮爸爸妈妈做家务，都是吃苦长大的。"叔叔感叹
地说。

　　"时代在进步，我们现在不也幸福了吗？都得好好珍惜现在的幸
福生活！"阿姨一脸笑容地说。一听这话，大家都乐了。

　　餐桌上，大家说说笑笑，两位叔叔还开心地喝着小酒，气氛甚是
融洽。小家伙们也不像刚进屋时那么不自在了，就像在自己家一样，
美美地吃着一桌子可口的饭菜。

　　一个多小时过去了，一顿饭终于吃完了，阿姨开始收拾碗筷。可
可将小家伙们叫到了她房间玩，两位叔叔则在客厅聊天说笑。

　　"听我爸爸说你们是跟着那位叔叔从中国到这儿来度假的，我爸

爸还说过几天你们回去时也跟你们一起带我到中国去玩。"可可开心
地说着。

"真的？我代表中国热烈地欢迎你！到时我带你玩遍北京。"花
花热情地说。

"嗯嗯，太好了！我爸爸说，我很小的时候他带我去过中国，可
我都不记得了，这次去一定要好好地玩！到时候你们可要给我当导游
啊！"可可一想到要去中国就特别兴奋。

"那当然，我们三个给你当导游。"花花继续热情地回答着。

"一言为定！嘿嘿，我们来玩玩具吧。"可可说着便将她的玩具
柜打开了，里面一大堆玩具，四个小家伙开心地玩了起来。

第20章

你最喜欢什么动物？

"可可，发现你这儿有好多小鸟模型啊！"吉米拿着一个鹦鹉模型跟可可说。

"是啊，我最喜欢的动物就是小鸟，各种各样的小鸟我都喜欢。有时做梦都梦见自己变成小鸟在天上飞呢！"可可手舞足蹈地对新朋友们说。

"噢，对了，你们来新加坡这么久，去过裕廊飞禽公园了吗？"可可问新朋友们。

"没有。"映真遗憾地摇着脑袋。

"那里是不是有很多鸟啊？"花花好奇地问道。

"是啊！裕廊飞禽公园是世界上最大的飞禽公园呢。那里离我们家不远，我叫我爸爸现在就开车带我们到那去玩！"可可说完便冲到客厅去了。这小女孩有时像个男孩子一样，这不，跑过去时太过于激动，一不小心重重摔了一跤，不哭也不叫，竟然迅速爬起来一蹦一跳地往爸爸怀里去了，连大胡子叔叔都夸她是个勇敢的好孩子。

"爸爸，我想带三个新朋友到裕廊飞禽公园去玩。"可可跟爸爸说。爸爸二话没说就答应了，马上带小家伙们出门了，当然，还有大胡子叔叔。

"哇！好多漂亮的鸟啊！"一走进裕廊飞禽公园花花便惊呼着，映真和吉米也被眼前那些各式各样多姿多彩的鸟儿深深地吸引了，不停地四周张望着，小家伙们还时不时地被一两只鸟给吸引过去，可可见新朋友们那么开心，她也一蹦一跳地异常兴奋。

　　"咦？前面好像有表演呢！"吉米指着前方好多人围着的地方说道。四个小家伙马上飞奔过去，可可的爸爸和大胡子叔叔则在后面边聊天说笑边嘱咐小家伙们注意安全。

　　"快点！还可以跟鸟儿一起玩呢！"跑在最前面的吉米惊呼着。

　　原来这里进行的是与游客互动环节，一位女游客被驯鸟员叫上舞台，随后将一只嘴巴又长又尖、身材魁梧的鸟放在了那位女游客的手臂上，女游客既害怕又兴奋地尖叫了起来。

　　"吉米，你可以试试！"映真笑着跟吉米说，吉米没说话。

　　刚好那时驯鸟员在找下一位自愿者互动，趁吉米不注意，映真将他的手臂举了起来，并将他推向前面。就这样，吉米被驯鸟员拉上了舞台。驯鸟员还没将鸟放到吉米手臂上，他便将手缩了回去，花花、

可可和映真在观众台大笑起来。正在这时，大胡子叔叔和可可的爸爸也走了过来，鼓励吉米不要害怕，最终吉米闭着眼睛才让那只鸟站在了他的手臂上。

随后，舞台上开始了表演，各种飞禽表演聚集，让台下的观众都为那些身着彩装的鸟儿们惊叹不已。瞧！刚才驯鸟员一声呼唤，猫头鹰和雄鹰便瞬间从几百米处的山林飞到了表演者的手上，掌声不停地响着。

"这个裕廊飞禽公园占地面积不算大，但里面栖居着4000多只飞禽，是世界上为数不多的规模庞大的禽鸟公园之一，有东南亚'鸟类天堂'的美称。"可可的爸爸向小家伙们介绍道。

"园内有来自世界各地的鸟类：有来自北京的知更鸟，来自西班牙的红鹤，来自巴西的三趾鸵鸟，来自几内亚的食火鸟，还有来自冰天雪地的企鹅呢。"可可也跟爸爸一样向新朋友们介绍着，真不愧是个小小导游。

　　"那边是彩鹦谷，里面有各种漂亮的鹦鹉，可美了，还可以跟那些鹦鹉零距离接触呢。我们过去吧！"可可指着彩鹦谷说。随后便拉着花花的手，叫上吉米和映真兴奋地往那边跑去了。

　　"这里面的环境是按照热带雨林环境仿造出来的，只要伸手喂鹦鹉特别配制的花蜜综合饲料，它们就会开心地飞聚到你们身边。"可可的爸爸说完便买了几份饲料分给孩子们。

　　小家伙们小心翼翼地端着饲料，果真没多久便有鹦鹉凑了过来，

甚至有的还跳到了小家伙们的头顶上，他们端着饲料动都不敢动，生怕惹怒了鹦鹉。见鹦鹉们吃得美滋滋的，几个小家伙虽不敢动却也特高兴，能跟那些漂亮的鹦鹉们如此近距离地接触真是一件幸福的事！

"哈哈！那些企鹅走路一摆一摆的，好可爱啊！"在企鹅宫，吉米一见到企鹅就大笑了起来。

"你不觉得你走路也是那样子吗？"花花故意戏弄吉米。

"啊？真的吗？大胡子叔叔，我走路也是那样的吗？那样好丑啊！"吉米信以为真，赶紧向大胡子叔叔

求证。

"哈哈，没有啦！"大胡子叔叔也大笑起来。吉米见自己被戏弄了，冲花花吐着舌头做了个鬼脸。

从企鹅宫出来后，可可的爸爸便将孩子们带进了飞禽知识馆。里面向大家介绍了很多飞禽知识，小家伙们好奇不已，看得可认真了！

原来鸟儿们的世界是如此丰富美好！当然，小鸟们的美好也是需要我们每个人去好好呵护的。保护小鸟，人人有责！

第 21 章
烤面包真好吃

"起床啦，起床啦，快点起床啦！"大胡子叔叔早早地便开始大声催促着还在床上睡觉的小家伙们。

没想到三个小家伙竟然一点动静都没有，继续睡得香香的。

"快点起床啦！再不起床就没好吃的了！"大胡子叔叔继续大声喊着。

　　一听到好吃的，刚才还在睡梦中的吉米一下子就惊醒了："大胡子叔叔，有什么好吃的？在哪里？"吉米眯着眼睛打着哈欠问道。

　　"带你们去吃新加坡特色早餐。你们得快点起来，不然太晚了人家都卖完了！"大胡子叔叔说道。

　　这时，映真和花花也打着哈欠使劲睁开了眼睛，迷迷糊糊地看了看大胡子叔叔和吉米，在梦与醒之间奋力挣扎着。

　　"快点起床啦！有好吃的啦！"吉米一边叫一边摇了摇映真，将他彻底叫醒后，又跑到花花窗前将她也叫起了床。

　　在大胡子叔叔的催促下，三个小家伙迅速地洗漱完毕便跟着大胡子叔叔出门了。

　　"大胡子叔叔，你是要带我们去吃什么特色早餐啊？"花花问道，看样子她还未完全从睡梦中醒来。

　　"今天我要带你们去吃亚坤咖椰烤面包，这可是新加坡的头牌美

特色早餐

123

食。"大胡子叔叔回答。

　　"那我们快点去吧，叔叔。不然晚了就卖完了！"这下吉米也开始催促起来了，生怕错过了。

　　"大胡子叔叔，我们是不是来过这里啊？"映真感觉这个地方似曾相识，于是问大胡子叔叔。

　　"真笨！这里是牛车水唐人街啦，我们来过的。这么快就忘了，真是健忘！"花花抢先大胡子叔叔一步回答了映真，说得映真挺不好意思的。

"亚坤咖椰烤面包店是牛车水唐人街的锦旗店，亚坤是这个店开创者的名字，他是新加坡的早期移民，15岁就来到了新加坡，刚开始是在一家咖啡店当助手，后来自立门户，跟老婆一起开了这个亚坤早餐店，现在已经到第三代了。"大胡子叔叔跟小家伙们说起了亚坤早餐店的历史，小家伙们边走边仔细地听着，好像在听大胡子叔叔讲故事一样。

　　终于到了大胡子叔叔所说的亚坤早餐店，里面几乎坐满了人。大胡子叔叔一进店门便点了几份咖椰烤面包，找了好久才找到空位坐了下来。

　　店里面全然一副20世纪70年代的怀旧风格，桌子是四方小桌，椅是无靠背的小椅，而且里面还没有空调，很有老茶馆的韵味，让人不由自主地回到了那个年代。

　　没一会儿，服务员便将大胡子叔叔点的早餐送过来了，红茶、鸡蛋糊和咖椰烤面包，看到这些，小家伙们有点不知所措。

"在品尝咖椰烤面包之前先喝杯加糖的红茶和开胃鸡蛋糊热热身。"大胡子叔叔告诉小家伙们。

　　"大胡子叔叔，这鸡蛋都没熟啊！"吉米颇为点失望地跟大胡子叔叔说，心想，传说中的王牌早餐店也不过如此，连鸡蛋都煮不熟。

　　"哈哈，这叫鸡蛋糊，是将半成熟的汤煮鸡蛋直接舀在碗里，我们可以用小勺将它捣开，里面半生不熟的蛋黄吃在嘴里会有种温软的感觉，也可以加点酱油去腥味。"大胡子叔叔大笑着解释道。

　　"嗯嗯，确实，这种半生不熟的感觉我喜欢！真好吃！回去叫妈妈也这样煮鸡蛋给我吃。"花花品尝出了其中的美味，十分开心。

　　"大胡子叔叔，土司上面的酱香香甜甜的，它是什么酱啊？"映真好奇地问。

　　"这个，我也不是很清楚呢。"大胡子叔叔的回答让映真有些失望。

　　碰巧旁边有个服务员听见了映真的问题，便热情地走过来回答他："碳烤土司上面涂的是黄油和咖椰酱。咖椰是由椰浆、香兰叶、

鸡蛋和糖制成的果酱，可以在鸡蛋糊中加入适量的黑酱油和胡椒粉，用烤面包蘸着吃，那样更美味。"

"小朋友，要是喜欢的话，可以买瓶咖椰酱回去自己做着吃呢。"那个服务员顺便宣传一下自己店的产品，他这一说，可真让小家伙动心了。

"大胡子叔叔，有了咖椰酱我们就可以自己在家做咖椰烤面包吃了呢！"花花笑嘻嘻地跟大胡子叔叔说。大胡子叔叔一眼就看穿了小家伙的心思，离开时便买了一瓶回去。

"花花，以后我们的早餐可都交给你了噢！"映真打趣地跟花花说。

"哈哈，以后花花做早餐吃，那我们早上就可以早睡会咯！"吉米哈哈大笑起来，花花抱着咖椰酱也乐了。

第22章
热情的克拉码头

"大胡子叔叔,我们要走到哪里去啊?累死我了!"花花气喘吁吁地问道。早早地吃完晚餐后,大胡子叔叔就带着他们出来散步,都不停地走了一个多小时了,小家伙们一个个都有点累了。

"当你见到前面的码头时,我们的目的地就到了。"大胡子叔叔回答着。

终于,在小家伙们一个个都开始嚷着走不动了的时候,大家终于

走到了他们的目的地——克拉码头。

"大胡子叔叔，前面好热闹啊！看上去像个码头。"吉米指着前方跟大胡子叔叔说。

"哈哈，那就是我们要去的地方了，叫作克拉码头。"大胡子叔叔笑着告诉小家伙们。

"这个码头这么繁忙啊！业务真够多的！"映真不由得感慨道。

"这你可就错了！这个码头以前是小船卸货的地方，现在已经演变成就餐、娱乐、购物的天堂了。"大胡子叔叔向小家伙们介绍着。

　　"那以前这里是怎样的呢？"花花好奇地望着大胡子叔叔问道。

　　"以前这里啊，岸边都是仓库、货栈和商店。是新加坡的一个贸易中心，是欧洲商贩和华族的聚集地。"大胡子叔叔认真地回答着小家伙的问题。随后指着那些夜幕降下后灯光璀璨的房屋跟小家伙们说，"瞧，这里的建筑风格都有欧式建筑的风格。"

　　"现在这里已经成为新加坡一个著名的旅游胜地了，克拉是以新加坡第二位总督——安德鲁·克拉爵士命名的。"大胡子叔叔继续向三个小家伙介绍着。

　　"大胡子叔叔，那是什么地方啊？"花花指着前面一个招牌问道。

　　"黄埔冰屋！那是1800年开办的一家冰块制造厂。当时的新加坡还没有冰块制造的器具，那些冰块都是从美国的波士顿运到新加坡来的。"大胡子叔叔告诉花花。

"克拉码头以广场为中心，分成了5个区域，要想喝咖啡、尝美食则适合去A、D、E这3个区域，那里还有露天水上餐厅。B区和C区则是以娱乐和购物为主，里面有大型的电子游戏中心，还有各种新加坡特产、精美的工艺品以及各式各样的时装。一到晚上，B区和C区之间的道路上便会出现许多马路游戏和露天摊位，热闹非凡。"大胡子叔叔耐心地向小家伙们介绍着。

三个小家伙早就被周围的热闹场面给吸引住了，旁边餐馆里飘来的浓浓的香味更是让小家伙们口水直流。逛了没一会儿，吉米便开始向大胡子叔叔撒娇了："大胡子叔叔，散步散了这么久，吃的晚餐都消化了，现在肚子饿了。"

"小家伙，想吃东西就直接说嘛！走，带你们吃去！"大胡子叔叔坏笑着看着吉米说道。说完便带着小家伙们径直往旁边的一家露天夜宵摊走去了。

　　花花和映真都乐了，吉米更是开心得又蹦又跳。

　　服务员将菜单递给大胡子叔叔，大胡子叔叔翻看了一下便将它递给了小家伙，让小家伙们点。三个小家伙一起捧着那份菜单，看得口水都快流出来了。三个小家伙来新加坡这么久，从不见他们挑食过，只要有吃的向来都是来者不拒。大胡子叔叔催促小家伙们快点决定要吃什么，可小家伙看着那么多好吃的竟然不知道点什么了，最后还是将菜单给了大胡子叔叔，让他决定。大胡子叔叔点了一份印度煎饼、

一份烤魔鬼鱼、还有一份有点像阿拉伯烤肉的沙爹，还点了几份肉骨茶，这些都是一直没带小家伙们吃的新加坡美食。

没一会儿，大胡子叔叔点的东西就上桌了。坐在新加坡河畔的露天餐桌旁，赏着美景，品着美食，清风拂面，多惬意啊！可小家伙们只顾吃东西了，全然不顾这么一副美不胜收的画面。大胡子叔叔看着小家伙们吃东西的那副狼狈样，时不时地浅笑着。

很快，桌上的东西便被小家伙们一扫而光了。

"这下该有力气继续逛了吧？"大胡子叔叔笑着问道。

"嗯嗯，现在我都有力气逛到明天早上了！"吉米满足地答道。

"哈哈，那你在这逛到明天早上吧，我们先回去了啊！"花花打趣地跟吉米说。

"咦，那是什么？"映真指着前方弹起很高的椭圆球惊奇地问道，紧接着便听到了一声声尖叫。

"那是来自新西兰的G-Max弹跳绑紧跳。"大胡子叔叔回答。

"那是玩的吗？"花花追问着。

"是啊，人坐在那个铁制的椭圆球坐椅上，两边绑上超粗的橡皮筋绳，以高速弹到60米的高空，由于那个东西是设在新加坡河畔的，坐在上面，当弹上去时像抛上了高空，回落时又像坠入河中一样，特别刺激，很多人坐上去都会害怕或是激动得尖叫。"大胡子叔叔向小家伙们介绍着。

"好恐怖啊！"花花自言自语着。

"我长大了一定要来玩一次！"与花花相比，吉米则勇敢多了。

"我们到那边去逛逛吧，那边有更多好玩的呢！"说着，大胡子叔叔便领着小家伙们往那边走去了。

小家伙们开心极了！真是一个热情的克拉码头！

第23章 和小主持漫游昆虫王国

"亲爱的小朋友们，你们喜欢跟昆虫玩吗？你们对昆虫的了解又有多少呢？如果你也跟我们一样是个热爱昆虫又充满好奇的孩子，那就快跟我们一起走进昆虫的世界吧！"吉米站在新加坡的世界昆虫馆门口，微笑着面对前面的镜头认真地说道。

今天一大早，大胡子叔叔便带着小家伙们到世界昆虫馆去玩，碰巧在大门口遇见一家少儿电视台在录节目，他们想现场选几个小朋友当这期的客串外景主持，三个可爱的小家伙竟然在众多小朋友中脱颖而出，被选中成为这期的幸运主持人。

刚开始，三个小家伙还担心自己主持不好，虽然他们以前在学校也曾主持过班级的活动，经受过各式各样的锻炼，花花更是参加过年级的演讲比赛，但在这个陌生的国度，面对这个陌生的舞台，大家还是有点紧张。幸好这次活动导演事先为他们准备好台词，所以孩子们只需稍微借题发挥一下就可以了。

"加油，孩子们！"大胡子叔叔在一旁不断地鼓励着，小家伙们决定斗胆尝试一下。这也算是在新加坡一次特别的体验。刚才那段话便是吉米主持的开场白。

"我们现在所在的地方就是位于新加坡的世界昆虫馆，它占地约1万平方米，是亚洲唯一的世界昆虫馆。馆内聚集了世界上各种各样的昆虫，展出了4000多种包括蝴蝶、蛾类等在内的昆虫和标本。"镜头在花花的引导下渐渐地进入馆内。馆内的昆虫千姿百态，许多昆虫都极其美丽，大部分都是三个小家伙从未见过的，这让三个小主持人异常兴奋。他们在那些昆虫的标本面前好奇地看了又看，还不时问大胡子叔叔这个是什么，那个是什么。大胡子叔叔则偷偷提醒他们："你们现在是主持人，要有主持人的样子。"

"亲爱的小朋友们，现在我们所看见的是一米多长

的巨犀金龟甲，它可是世界上最大的甲虫哦！"映真向大家介绍着，"它是发现于美洲热带地区的一种大型的深黑色昆虫，从它的标本我们可以看见，它的胸部前端有一个大大的触角，它的脑袋上面也有一个跟钳子一样的触角。"吉米一边指着那个标本，一边向镜头介绍着，颇有小主持人的风范。

"嘿，我突然想问大家一个问题，你们见过萤火虫吗？快跟我一起走进这个暗室吧，里面可有大大的惊喜在等着我们呢！"说罢，花花便推开暗室的门走了进去，不但给了镜头一个惊喜，更给了自己一个惊喜，只见四周都是萤火虫在飞舞。当大胡子叔叔告诉他们里面有5000多只萤火虫在飞时，小家伙们无不惊叹。虽然以前也见过萤火虫，但从未如此近距离地接触它们，更没感受过这么多的萤火虫将自己萦绕的感觉，如此浪漫和美好！

小家伙们在导演的指导下，一会儿东一会儿西，忙得不亦乐乎，再加上还得背台词，完全没想象中得那么轻松好玩。大胡子叔叔跟在后面像极了三个小家伙的经纪人。此刻，这三个小家伙心里一定美滋滋的，当个客串的主持人竟然也可以如此有范。

　　随后，导演将小家伙们带到了蝴蝶园，当然，顾名思义，里面全是各种各样的蝴蝶。导演告诉小家伙们里面共有50多个品种，约2000多只神态各异的蝴蝶在翩翩飞舞。漫步在空气清新的蝴蝶园，享受着空气中弥漫着的满满花香，再加上各种色彩斑斓姿态优美的漂亮蝴蝶穿梭于其中，看得小家伙们眼花缭乱。缭乱归缭乱，可不能忘了主持的正事啊！导演总是在小家伙们兴致正浓时将他们拉回到工作的情绪中来，这可让小家伙们扫兴了！瞧，花花就有些不开心了，而吉米则显得专业多了。

　　"现在呈现在我们眼前的是各式各样的蝴蝶标本，来到这里，可以让你更加深入地了解各种有关蝴蝶的知识，以及蝴蝶从蛹蜕变至蝴蝶的整个过程。"吉米认真地对着镜头说。

　　客串主持的工作很快就结束了，导演和工作人员都表扬小家伙们比以前的客串主持都要好，虽然期间也有过小问题，但小家伙们都特聪明，导演一指出便明白。

主持虽结束了，可小家伙们却并不尽兴："大胡子叔叔，我还想再去玩一遍！"花花撒着娇跟大胡子叔叔说。

"我也想！大胡子叔叔，刚才只顾着主持了，都没玩好！"映真也附和着。

"哈哈，好吧。反正还早，我们再去里面好好地转一遍吧。"说着，大胡子叔叔便又将孩子们带进了昆虫馆。

第**24**章
买点什么带回家呢？

"小家伙们，我们已经买好了后天下午的机票了，我们马上就要离开新加坡了，你们明天还想去哪儿逛逛呢？"晚饭后，大胡子叔叔带着三个小家伙散步时突然说道。

"啊？怎么不提前几天告诉我们啊？这就要走了。"吉米不开心地说道。这个消息对于小家伙们来说犹如晴

天霹雳，仿佛昨天还在新加坡的大街小巷，感受着这个国家的热情和美好，明天就得离开了。

"好快啊！转眼我们就在这玩了将近一个月了。"知道就要离开新加坡的消息后，映真开始感叹时间过得太快。

"后天就要走了，我们只有明天一天的时间了，可不能白白浪费了。大胡子叔叔，明天带我们去买些纪念品吧，我要给我的小伙伴们带点小礼物回去，跟他们讲我们在新加坡的故事。"花花乐观地说道。

"对，差点忘了！我也答应了我的好朋友杰克和李多回去时给他们带礼物的。"一经花花提醒，吉米也应和着。

"我们先筹划下要去买什么礼物吧，免得明天漫无目的地到处瞎逛，那样好浪费时间的。"映真提议道。

　　"有道理。大胡子叔叔，你给我们些建议吧。"吉米望着大胡子叔叔说。

　　"哈哈，你们跟我想的一样啊，我本来也是打算带你们去买点特产和纪念品带回去的。"大胡子叔叔笑着说。

　　"很多中国人来新加坡旅游都会买些奢侈品回去，因为新加坡的很多奢侈品都比中国内地便宜不少，像名表、珠宝、化妆品、香烟和其他的世界名品等。在新加坡还能买到很多其他国家的特色物品，有

　　泰国的丝、印度的绸、还有尼泊尔的珠宝、象牙项链等等。在牛车水唐人街还有很多中国传统的手工艺品出售，像各种玉雕、锡器、铜像，还有老式的鼻烟壶等等。在新加坡购物还有个特点就是不用担心有假货，商品质量都是经过严格审查的。"大胡子叔叔跟小家伙们不停地说着。

　　"大胡子叔叔，你刚才说的那些好像都不适合我们小孩子啊。"大胡子叔叔一停下来，花花便跟他说。

　　"噢噢，好像是呢！呵呵，不好意思，刚才只顾着向你们介绍了。"大胡子叔叔抱歉地抓了抓脑袋，继续跟小家伙们说了起来，"你们可以买些新加坡的特产猪肉干回去，明天有时间带你们去牛车水唐人街的一家店去买，那家店的猪肉干是比较正宗的，味道很好。

你们带回去给小伙伴吃，他们一定会很喜欢的！"

　　"我现在都想吃了。"吉米咽了咽口水说道，惹得映真和花花突然大笑了起来。

　　"哈哈，你要是带猪肉干回去，一定还没到家就给吃完了！"花花朝吉米调侃道。

　　"还有，鱼尾狮纪念品一定要带的，鱼尾狮是新加坡的重要代表物。在新加坡很多地方都有各种以鱼尾狮形象制作的纪念品出售，如钥匙扣、杯子、水果叉、闹钟和摆设等，做工都很精美，无论是用来送人还是自己收藏都是很有意义的。"大胡子叔叔继续说。

　　"前面那家店好像就是新加坡特产店，我们先进去看看吧。"说着，大胡子叔叔便带小家伙们走了进去。

　　"大胡子叔叔，这里有镀金胡姬花。"映真指着柜台下面的镀金胡姬花跟大胡子叔叔说道。

　　"一定好贵！"吉米在一旁低声嘀咕着。

　　"小朋友，这个是依照镀金厚度叫价的，价格从十几新币到几百新币不等。你喜欢的话可以买个合适的送给你妈妈，

　　她一定会喜欢的！"尽管刚才吉米的声音已经很小了，但还是
被售货员听见了，他马上向吉米介绍道。

　　"我买那个胸花！"吉米指着一个既漂亮又不是很贵的胡姬花饰
品跟售货员说道。再过几天就是他妈妈的生日了，他决定将这个胸花
当成生日礼物送给妈妈。

　　"明天我们到博物馆去吧，那里的纪念品商店几乎囊括了所有值
得带回去的新加坡纪念品，而且比较便宜，还有不少适合你们小朋友
的，顺便还可以参观一下博物馆。"大胡子叔叔跟小家伙们提议。

　　"嗯嗯，好的，都听大胡子叔叔的！"花花乖乖地答应着。

　　晚上，三个小家伙迟迟未睡，一想到马上就要结束这次新加坡之
旅了，小家伙们都感到非常不舍，可明天还要去买纪念品，在大胡子
叔叔的督促下，不得不睡觉去了。

第25章

五年之约

白天，三个小家伙在大胡子叔叔的带领下买了不少纪念品。他们回到住处，看着那些满袋的纪念品，既开心又不舍，开心的是，终于可以回家跟身边的亲戚朋友们一起分享在新加坡的一点一滴了，不舍的是，明天就要离开新加坡了。

晚上，大胡子叔叔并没有像往常一样催促孩子们早点睡觉，而是招集了小家伙们，向他们介绍着那些没去过的地方。

"首先介绍阿拉伯街。新加坡的阿拉伯街其实并不是一条街，而是一个历史保留区，是阿拉伯人最早在新加坡的聚集地，是个浓郁的回教社区。"大胡子叔叔介绍着。

　　"是不是跟'小印度'一样啊？那里的建筑和风俗习惯都充满了阿拉伯色彩吧？"花花问道。

　　"是的，新加坡是个多元化、极具包容力的国家，阿拉伯街、

'小印度'和牛车水唐人街都很类似，都有着当地浓郁的民族色彩。"大胡子叔叔解释着。

　　"新加坡还有个亚洲村。"大胡子叔叔说，"亚洲村浓缩了亚洲国家的精髓，是一个展示亚洲国家文化和生活方式的主题公园。里面分为东亚、南亚和东南亚三个部分，游客在里面不但能见到各个国家的代表性建筑，还能体会到各个不同民族的风俗人情，让人有种身临其境的感觉。"大胡子叔叔介绍着。

　　"除了亚洲村外，在新加坡还有个亚洲文明博物馆，跟亚洲村相比，它不但展示了各个民族的物质文明，还以各种通俗易懂的方式将不同民族的价值观、信仰和风俗习惯完整地呈现在大众面前。"大胡子叔叔继续向小家伙们介绍着，大家都听得津津有味，听着大胡子叔叔的讲述，像是身临其境一样。

　　"大胡子叔叔，那里面都有些什么东西呢？"花花好奇地望着大

149

胡子叔叔问道。

"那个博物馆分为土生博物馆和亚洲文明博物馆。在土生博物馆里，游客可以通过里面展示的不同文物去了解土生文化的渊源、婚姻、节庆、饮食文化、宗教信仰等内容；亚洲文明博物馆则重点向游客介绍新加坡的历史渊源，从最初的小渔港到今天的繁华兴盛等。"大胡子叔叔介绍着。

"说新加坡是个多元化的国家真是一点都没错！"映真感叹道。

"大胡子叔叔，可不可以再过几年等我们长大些，你再带我们来新加坡玩一趟呢？"花花突然问道。

"是啊，听你这么一说，感觉还有不少地方我们都还没去过，有不少遗憾呢！"映真也附和着。

　　"哈哈，等你们长大了，可以让你们的爸爸妈妈带你们来玩啊！"大胡子叔叔笑着回答。

　　"我们就想要您带我们来嘛！"吉米撒娇嚷着，花花和映真也跟着嚷了起来。

　　"哈哈，好吧好吧。那你们回去可得好好学习，好好听长辈的话，那样的话呢，五年后我再带你们来新加坡！"大胡子叔叔语重心长地跟三个小家伙说道。

　　"哈哈！太好了！大胡子叔叔，我们一言为定！"花花开心地叫道。

　　"一言为定！"大胡子叔叔也答应了。

　　小家伙们便由不舍得离开开始变得兴奋起来了，开心地一蹦一跳的。大胡子叔叔脸上也洋溢着幸福的微笑。

第26章

新加坡，再见！

"吉米！花花！映真！你们在做什么？我们要错过飞机了。"大胡子叔叔带着孩子们来到机场。可是几个孩子似乎不愿意走，他们趴在机场的玻璃窗前，向外张望着。

"你们这三个小家伙，难道舍不得离开新加坡了？"大胡子叔叔看着他们的背影又好气又好笑。

"是啊，好美的城市，真不想走

了。幸好，我们约定五年后还来这里！"花花回答。

"花花昨天晚上哭鼻子了，真是没出息啊！哈哈！"吉米顽皮地吐了下舌头。

"孩子们，别难过。五年后，我一定带你们将新加坡所有地方都玩遍，所有美食都吃遍！"大胡子叔叔摸了摸花花的小脑袋。

"好啊好啊！我现在还想念新加坡的辣椒螃蟹呢！还有海南鸡饭……"吉米说着口水都快流出了。

"我还想再去蝴蝶园和胡姬花园！"花花开心地说。

"我想步行夜游野生动物园，还想去环球影城！"映真接着说。

"还有我们没去过的亚洲文明博物馆、草药香料园、亚洲村、阿拉伯街……"吉米补充道。

很快，飞机起飞了。透过窗户，这座美丽的花园城市离大家越来越远。

在飞机里面，小家伙们又像平常一样有说有笑，也许是因为大家都牢记五年之约的缘故。他们坚信，五年的时光很快就会过去。是的，小家伙们成长起来是很快的。五年之后，大家还是会与大胡子叔叔一起重回这片

美丽的土地。亲爱的小朋友们，你们也会像吉米、花花和映真一样，继续跟随大胡子叔叔的步伐走进新加坡这个奇妙的国度吗？

五年后再见，美丽的花园城市——新加坡！

花花会记得，吉米会记得，映真会记得，大胡子叔叔也会记得的！